ALI GÜNGÖRMÜS

MEDITERRAN

100 KREATIVE REZEPTE RUND UMS MITTELMEER

ALI GÜNGÖRMÜS

MEDITERRAN

100 KREATIVE REZEPTE RUND UMS MITTELMEER

DK

INHALT

LeCanard
nouveau

VORWORT

Dieses Kochbuch ist es ein ganz besonderes Buch für mich – mit einfachen Rezepten, die ein lockeres Kochen ermöglichen, mit Zutaten, die Sie ohne großen Aufwand fast überall kaufen können, und mit einem klaren Blick auf Aromen, Jahreszeiten und Produktqualität. Kurzum: ein Kochbuch, das die Küche widerspiegelt, die ich meinen Gästen vor allem mittags in meinem Restaurant anbiete. Es ist eine kreative Küche ohne Schnickschnack. Eine Küche, die beweist, dass man auch mit einfachen Zutaten Spitzenqualität auf den Tisch bringen kann. Und eine Küche, die ein entspanntes Genießen möglich macht.

Wenn ich mit meinen Gästen spreche, höre ich immer wieder, dass sie nicht nur am Essen, sondern auch am Selberkochen Freude haben und dafür gute Anleitungen suchen. So soll dieses Buch Ihnen nicht nur schöne Bilder und beeindruckende Gerichte präsentieren: Indem ich Ihnen zeige, dass auch ein Sternekoch ganz »normal« kochen kann, will ich Sie in Ihre eigene Küche locken. Werden Sie kreativ! Probieren Sie Neues aus! Und vor allem: Kochen Sie nach Saison! Das gilt natürlich besonders fürs Gemüse – wer will schon wässrige Wintertomaten essen?

Mit den Rezepten in diesem Buch nehme ich Sie mit auf eine Reise rund ums Mittelmeer – ums ganze Mittelmeer. Französische und spanische Ideen, italienische und griechische Inspirationen, türkische und israelische Gerichte und die Aromen Nordafrikas verbinden sich zu einem Koch- und Essvergnügen, bei dem Ihnen und Ihren Gästen hoffentlich das Wasser im Mund zusammenläuft.

Viel Freude und Erfolg wünscht Ihnen

Ihr Ali Güngörmüs

VORSPEISEN, SALATE & SUPPEN

SALAT VON FENCHEL, SARDELLEN UND ESTRAGON

Sardellen und Sardinen, beides Fische aus der Familie der Heringe, sind in fast allen Mittelmeerländern ungemein beliebt. Sie brauchen gar nicht viel, um gut zu schmecken – eine Pfanne mit bestem Olivenöl oder eine kräftige Grillglut und dann ein bisschen grobes Salz – fertig ist der Genuss. Dieser Salat ist eine besonders feine Variante. Lassen Sie die Sardellen nicht zu lange in der Marinade, sonst laufen sie weiß an.

4 PERSONEN, 45 MINUTEN
+ 2 STUNDEN RUHEZEIT

250 g frische Sardellen (küchenfertig)
2 Zitronen
1 Knoblauchzehe
50 ml Tomatenfond (s. S. 219; oder Gemüsebrühe)
3 Zweige Thymian
3 Zweige Rosmarin
2 EL Zucker
100 ml Olivenöl
3 Bio-Orangen
2 Fenchelknollen
1 Prise Cayennepfeffer
1 Bund Estragon

Salz, Pfeffer

Die Sardellen mit Salz und Pfeffer würzen. Die Zitronen auspressen. Den Knoblauch schälen und in Scheiben schneiden.

Aus Tomatenfond, Thymian, Rosmarin, Knoblauch, Salz, 1 EL Zucker, der Hälfte des Zitronensafts und 80 ml Olivenöl eine Marinade herstellen. Die Sardellen darin 2 Stunden marinieren.

Zwei Orangen auspressen. Den Fenchel und die dritte Orange in dünne Scheiben schneiden und beides mit Orangensaft, Salz, restlichem Zucker (1 EL), Cayennepfeffer und restlichem Zitronensaft würzen. Zum Schluss den Estragon hacken, hinzufügen und alles etwa 30 Minuten ziehen lassen.

Die Fische im restlichen Öl (20 ml) von jeder Seite 3 Minuten braten. Die Sardellen auf dem Salat anrichten und servieren.

KALTE TOMATEN-MELONEN-SUPPE MIT ESTRAGON-CROÛTONS

Zusätzlich zu den Croûtons können Sie auch noch ein Sardellenfilet kurz vor dem Servieren auf die Suppe geben. Der salzige Fischgeschmack harmoniert sehr gut mit Melone und Tomate. Estragon sollten Sie übrigens immer frisch verwenden. Ein Cousin von mir, der in Istanbul ein Steakhaus betreibt, hatte jahrelang große Mühe, für seine Gäste eine Sauce béarnaise zuzubereiten. Bis wir darüber sprachen und feststellten, dass er getrockneten Estragon verwendete, weil er frischen in der Türkei nicht bekam. Ich habe ihm bei meinem nächsten Besuch einen Beutel frischen Estragon mitgebracht – der Unterschied war verblüffend.

4 PERSONEN, 35 MINUTEN
+ 1 STUNDE ZUM AUSKÜHLEN

1 mittelgroße Zwiebel
5 Tomaten
115 ml Olivenöl
50 ml Gemüsebrühe
½ Bund Estragon
½ Baguette
75 g Butter
200 g Wassermelone
3 EL Joghurt
1 Spritzer Tabasco

Salz, Pfeffer
Zucker

Die Zwiebel schälen und fein würfeln. Die Tomaten in kochendem Wasser kurz blanchieren, häuten und in grobe Würfel schneiden. In einem Topf die Zwiebel in 1 EL Olivenöl glasig anschwitzen.

Die Tomatenwürfel hinzufügen, alles mit der Gemüsebrühe auffüllen und 20 Minuten köcheln lassen.

In der Zwischenzeit den Estragon hacken. Das Baguette in grobe Würfel schneiden und in einer Pfanne in 70 ml Olivenöl und der Butter zu knusprigen Croûtons rösten. Dann den Estragon hinzufügen und die Croûtons auf Küchenpapier abtropfen lassen.

Die Wassermelone schälen, die Kerne entfernen und das Fruchtfleisch grob würfeln. Joghurt, restliches Olivenöl (2 EL) und Melonenwürfel in die Tomatensuppe geben und alles mit dem Stabmixer fein pürieren. Mit Salz, Pfeffer, Zucker und Tabasco abschmecken und 1 Stunde auf Eis kalt stellen.

GRAPEFRUIT-AVOCADO-SALAT MIT GRANATAPFEL

Die Avocados müssen richtig reif sein. Wenn sie dunkel sind und auf leichten Druck mit der Hand nachgeben, sind sie so weit. Harte, leuchtend grüne Avocados sehen zwar ganz schön aus, sind aber schwer zu verarbeiten und sie schmecken auch unangenehm, fast ein wenig nach Seife. Sumach, auch Essigbeere genannt, ist das türkischste Gewürz überhaupt. Säuerlich, fruchtig und herb im Geschmack, werden die Beeren grob gemahlen und mit Salz versetzt, bevor man sie verwendet. Sie sind eine feine Zutat zu vielen Salaten.

4 PERSONEN, 20 MINUTEN

2 Grapefruits
2 Avocados
½ TL milder Senf
150 g Granatapfelkerne
(von 1 Granatapfel)
2 EL Weißweinessig
½ TL Granatapfelsirup
4 EL Olivenöl
1 Prise Cayennepfeffer
1 EL Sumach
3 Stängel Basilikum

Salz, Pfeffer

Die Grapefruits schälen und die Fruchtfilets herausschneiden. Die Avocados halbieren und den Stein entfernen. Das Fruchtfleisch mit einem Löffel aus der Schale lösen und grob schneiden.

Aus Senf, Granatapfelkernen, Weißweinessig, Granatapfelsirup und Olivenöl ein Dressing herstellen und dieses mit Salz, Pfeffer, Cayennepfeffer und Sumach abschmecken.

Das Dressing über die Grapefruitfilets und die Avocadostücke geben. Kurz vor dem Servieren die Blätter vom Basilikum zupfen, grob schneiden oder ganz lassen und den Salat damit bestreuen.

HUMMUS

Dieses feine Kichererbsenmus ist ein guter Dip, der zu vielen Gelegenheiten passt und mit Grissini genauso gut schmeckt wie mit einem angerösteten Stück Fladenbrot. Hummus kann man auch gut zusammen mit Tsatsiki servieren (siehe Grundrezepte Seite 218). In Nordafrika und Israel wird er gern mitgegessen. Wenn Sie ihn kurz vor dem Servieren mit etwas gutem Olivenöl beträufeln, schmeckt er noch besser.

4 PERSONEN, 60 MINUTEN

1 große Schalotte (ca. 50 g)
1 Knoblauchzehe
300 g Kichererbsen, über Nacht eingeweicht und abgetropft
3 EL Rapsöl
500 ml Gemüsebrühe
1 Prise Cayennepfeffer
1 TL Ras el-Hanout
1 TL Dukka
4 EL Crème fraîche
1–2 TL Zitronensaft
1 Prise Cayennepfeffer (zum Bestreuen)

Salz, Pfeffer
Zucker

Die Schalotte schälen und grob würfeln, die Knoblauchzehe schälen und fein hacken. Kichererbsen, Knoblauch und Schalotte in einem Topf im Rapsöl anschwitzen. Wenn die Schalotten glasig sind, alles mit der Gemüsebrühe ablöschen und so lange köcheln lassen, bis die Kichererbsen weich sind.

Anschließend die Gewürze und die Crème fraîche hinzufügen. Alles mit dem Stabmixer sehr fein pürieren, bis eine glatte Creme entsteht. Zum Schluss mit Salz, Pfeffer, Zucker und Zitronensaft abschmecken und mit dem Cayennepfeffer bestreuen.

LINSENSUPPE MIT KREUZKÜMMEL

Sie können die Suppe zusätzlich mit Dukka-Gewürzmischung abschmecken, dann bekommt sie eine deutlich nordafrikanische Note. Aber dafür sorgt auch schon der Kreuzkümmel. Noilly Prat ist ein besonders aromatischer Wermut, der in Frankreich aus zwei speziellen Weißweinsorten hergestellt wird. Ich verwende ihn sehr gern in der Küche, um Gerichte zu aromatisieren.

4 PERSONEN, 35 MINUTEN

2 Karotten
1 Chilischote
2 mittelgroße Zwiebeln
2 Knoblauchzehen
50 g Butter
400 g rote Linsen
1 Prise gemahlener Kreuzkümmel
½ EL Tomatenmark
50 ml Noilly Prat
1 l Geflügelbrühe
4 EL geschlagene Sahne

Salz, Pfeffer

Die Karotten schälen und grob würfeln. Die Chilischote längs aufschneiden, entkernen und vierteln. Die Zwiebeln und den Knoblauch schälen, grob würfeln und in der Butter glasig anschwitzen. Die Linsen und die Karotten dazugeben. Den Kreuzkümmel kurz mitrösten. Anschließend das Tomatenmark und die Chilischote ebenfalls kurz mitrösten.

Mit Noilly Prat und Geflügelbrühe ablöschen und 20 Minuten köcheln lassen. Zum Schluss mit dem Stabmixer fein pürieren und mit Salz und Pfeffer abschmecken. Pro Portion je 1 EL Sahne in die Suppe geben und für einen schönen Schaum mit dem Stabmixer kurz pürieren.

GEFÜLLTE ZUCCHINIBLÜTEN

Auf unserer kulinarischen Reise rund ums Mittelmeer sind wir mit diesem Gericht an der französischen Mittelmeerküste gelandet. Vor allem in und um Nizza werden gefüllte Zucchiniblüten als Teil der berühmten petits farcis niçois *(gefülltes Gemüse) in vielen Variationen angeboten. Die Füllung ist mehr als einfach – der Geschmack ist trotzdem herrlich, und die gefüllte Blüte sieht einfach ganz besonders schön aus.*

4 PERSONEN, 25 MINUTEN
+ 20 MINUTEN KOCHZEIT FÜR DIE KARTOFFELN

8 mehligkochende Kartoffeln
2 Schalotten
1 Knoblauchzehe
1 Zucchini
4 Zweige Rosmarin
6 Zweige Thymian
3 EL Olivenöl
1 Prise Cayennepfeffer
8 Zucchiniblüten

Salz, Pfeffer

Die Kartoffeln schälen und in reichlich Salzwasser in 20 Minuten weich kochen.

Schalotten und Knoblauch schälen. Zucchini und Schalotten in feine Würfel schneiden, die Knoblauchzehe halbieren. Zucchini- und Schalottenwürfel mit Knoblauch, je einem Zweig Rosmarin und Thymian in einer Pfanne in 3 EL Olivenöl anschwitzen. Rosmarin, Thymian und Knoblauch wieder entfernen und alles mit Salz, Pfeffer und Cayennepfeffer abschmecken.

Die Kartoffeln mit einer Gabel zerdrücken und die angeschwitzten Zucchini- und Schalottenwürfel dazugeben.

Den Backofen auf 160 °C vorheizen. Die Zucchiniblüten waschen und putzen. Die Kartoffel-Zucchini-Masse in die Blüten füllen. Danach die Blüten auf ein gefettetes Blech legen, die restlichen Rosmarin- und Thymianzweige dazugeben und das Blech für 5 Minuten in den Ofen geben. Die Blüten direkt servieren.

GURKEN-APFEL-GAZPACHO

Diese Suppe sollten Sie sehr kalt servieren. Sie können den Topf während der Ruhezeit in eine große Schüssel mit Eiswürfeln stellen, dann ist die Gazpacho zum Servieren gleich gut durchgekühlt. Noch besser wird sie übrigens, wenn Sie das Gemüse nicht nur fein pürieren, sondern entsaften. Zu dieser kalten, erfrischenden Sommersuppe passen gebratene Garnelen fantastisch.

4 PERSONEN, 25 MINUTEN
+ 1 STUNDE RUHEZEIT

2 Salatgurken
2 Äpfel (Granny Smith)
1 Stange Staudensellerie
150 ml Apfelsaft
1 Prise Cayennepfeffer
1 EL getrockneter Dill
1 Prise gemahlener Koriander
1 Msp. Wasabi
3 EL Joghurt
einige Blättchen Koriandergrün (zum Dekorieren)

Salz

Die Gurken waschen. Eine halbe Gurke in große Stifte schneiden und als Dekoration beiseitestellen. Die restlichen Gurken in grobe Stücke schneiden.

Die Äpfel und den Staudensellerie in grobe Stücke schneiden und in einem Topf mit den Gurkenstücken mischen. Apfelsaft, Gewürze, Wasabi und Joghurt zufügen, alles salzen und 1 Stunde ziehen lassen.

Die Mischung anschließend in einem Mixer fein zerkleinern und durch ein Sieb streichen. In Suppenteller gießen und die Gurkenstifte als Einlage an den Rand legen. Mit Koriander dekorieren.

KARTOFFELRÖSTI MIT LACHSTATAR UND GURKENSALAT

Statt des Lachsfilets können Sie auch Forelle oder Saibling verwenden. Überhaupt möchte ich Ihnen gerade beim Fisch Mut zum Experimentieren machen. Es ist viel wichtiger, dass Sie wirklich frischen Fisch von guter Qualität bekommen; die Sorte ist oft nicht so entscheidend. Beim Gang über den Markt oder beim Fischhändler entstehen ja ohnehin die besten Rezeptideen, und Sie sollten sich nur mit Zutaten zufriedengeben, die Sie wirklich überzeugen.

4 PERSONEN, 45 MINUTEN

KARTOFFELRÖSTI
400 g festkochende Kartoffeln
2 Eigelb
5 EL Rapsöl

GURKENSALAT
2 Salatgurken
½ Bund Dill
50 g Crème fraîche
1 EL Apfelessig

LACHSTATAR
180 g Lachsfilet
1 kleine Schalotte (ca. 30 g)
1 Bio-Limette
2 EL Olivenöl

Salz, Pfeffer
Zucker

Für die Kartoffelrösti die Kartoffeln schälen, raspeln und mit Eigelben, Salz und Pfeffer verrühren. Ausdrücken und in einer großen Pfanne im Rapsöl portionsweise als Rösti von beiden Seiten goldbraun braten.

Für den Gurkensalat die Gurken schälen, in dünne Scheiben hobeln und leicht salzen. Den Dill fein hacken. Aus Crème fraîche, Apfelessig und Dill ein Dressing herstellen. Die Gurken ausdrücken und in das Dressing geben. Den Gurkensalat mit Salz, Pfeffer und Zucker abschmecken.

Für das Tatar den Lachs in feine Würfel schneiden. Die Schalotte schälen und fein hacken. Die Schale der Limette abreiben. Lachs, Schalotte, Limettenabrieb und Olivenöl vorsichtig vermengen. Die Mischung mit Salz und Pfeffer abschmecken.

Das Tatar auf kalten Tellern anrichten, mit Gurkensalat und den Rösti servieren.

ARTISCHOCKENSUPPE MIT MINZPESTO

Ein paar Tropfen Minzpesto (siehe Grundrezepte Seite 218) geben der Suppe Farbe und das »gewisse Etwas« im Geschmack, das schon durch die orientalischen Gewürzmischungen Dukka und Ras el-Hanout angedeutet ist. Dukka stammt übrigens ursprünglich aus Äthiopien. Es ist eine Mischung aus Sesam, gemahlenen Kichererbsen, Koriander, Kreuzkümmel, Pfeffer, Minze und Thymian. Man kann das Pulver auch mit etwas Olivenöl verrühren und als Dip servieren.

4 PERSONEN, 40 MINUTEN

1 Zwiebel
5 Artischocken, geputzt
3 EL Olivenöl
300 ml Gemüsebrühe
1 Prise Dukka
1 Prise Ras el-Hanout
3 EL Crème fraîche
30 g braune Butter (s. S. 220)
1 Zitrone

Salz, Pfeffer
Zucker

Die Zwiebel schälen, in grobe Würfel schneiden und mit den geputzten Artischocken in ganz wenig Olivenöl anschwitzen. Wenn die Zwiebel glasig ist, alles mit der Gemüsebrühe auffüllen und 20 Minuten köcheln lassen.

Anschließend Dukka und Ras el-Hanout hinzufügen und die Suppe mit dem Stabmixer fein pürieren. Die Suppe durch ein feines Sieb streichen. Creme fraîche, braune Butter und restliches Olivenöl zufügen und die Mischung mit dem Stabmixer glatt pürieren.

Die Zitrone auspressen. Die Suppe mit Salz, Pfeffer, Zucker und Zitronensaft abschmecken und direkt servieren.

LAMM-KNUSPERRÖLLCHEN MIT TAHIN-JOGHURT

Wenn Sie kein Tahin zur Verfügung haben, können Sie den Joghurt auch einfach mit Sesamöl abschmecken. Denn tatsächlich ist Tahin nichts anderes als eine Paste aus Sesam. In der nordafrikanischen, aber auch in der türkischen Küche ist sie sehr beliebt, sie wird sogar als einfacher Brotaufstrich verwendet, ähnlich wie Erdnussbutter. Nebenbei ist Tahin eine richtige Gesundheitsbombe, denn es enthält reichlich B-Vitamine und sehr viel Kalzium. Sie bekommen es in türkischen Lebensmittelläden.

4 PERSONEN, 40 MINUTEN

2 Auberginen (ca. 200 g)
1 Zwiebel (ca. 80 g)
1 Knoblauchzehe
3 EL Rosinen
80 ml Olivenöl
1 EL Tomatenmark
1 EL Paprikapulver rosenscharf
1 Prise gemahlener Zimt
½ Bund Minze
2 Eier
300 g Lammhackfleisch
8 Blätter Yufka- oder Filoteig
30 g flüssige Butter
1 Eigelb (zum Bestreichen)
1 EL Kümmelsamen
Rapsöl (zum Braten)
2 EL Tahin (Sesammus)
400 g türkischer Joghurt

Salz

Die Auberginen schälen und in grobe Würfel schneiden. Zwiebel und Knoblauch schälen und fein hacken. Die Rosinen grob hacken.

Auberginen, Zwiebel und Knoblauch in einer großen Pfanne im Olivenöl anschwitzen. Tomatenmark, Rosinen, Salz, Paprika und Zimt zugeben. Die Hälfte der Minze hacken, unterrühren und das Ganze vollständig erkalten lassen. Die Eier und das Lammhack mit der Auberginenmasse mischen und eventuell noch etwas nachsalzen.

Den Yufka- oder Filoteig der Länge nach halbieren und mit der flüssigen Butter bepinseln. Etwa 2 EL von der Hackmischung auf dem unteren Drittel eines Teigstreifens verteilen. Zuerst die Seiten, dann das Ende darüberklappen und aufrollen. Die obere Seite mit etwas Eigelb bestreichen und mit Kümmel bestreuen. Die restlichen Teigstreifen ebenso füllen.

Die Röllchen in einer großen Pfanne in reichlich Öl von beiden Seiten goldbraun braten. Inzwischen die restlichen Minzblättchen hacken und mit Tahin, Salz und Joghurt verrühren. Die Röllchen auf Küchenpapier abtropfen lassen und mit dem Tahin-Joghurt servieren.

RINDERCARPACCIO MIT ZITRONEN-VINAIGRETTE UND GEGRILLTEN PALMHERZEN

Palmherzen sind tatsächlich das Herz der Palme – aus diesem kleinen Kegel am oberen Ende der Palme wächst sie weiter. Palmherzen haben eine zarte Konsistenz und schmecken ein wenig nussig. Auch roh sind sie sehr schmackhaft. Obwohl rund ums Mittelmeer viele Palmen wachsen, kommen die meisten Palmherzen heute aus Südamerika. Sie bekommen sie eingelegt im Asialaden.

4 PERSONEN, 25 MINUTEN

1 Stück Rinderfilet (400 g; küchenfertig)
50 ml Zitronensaft
50 ml Gemüsebrühe
3 EL dunkles geröstetes Sesamöl
3 EL Traubenkernöl
4 eingelegte Palmherzen
etwas Brunnenkresse (zum Dekorieren)
abgeriebene Schale von 1 Bio-Zitrone (zum Dekorieren)

Salz, Pfeffer
Zucker

Das Rinderfilet in sehr dünne Scheiben schneiden, mit einen Plattiereisen plattieren und auf einem Teller anrichten.

Zitronensaft, Gemüsebrühe, Sesamöl und Traubenkernöl zu einer Vinaigrette verrühren, mit Salz, Pfeffer und Zucker abschmecken und über das Carpaccio geben.

Die Palmherzen längs halbieren und in einer Grillpfanne bei starker Hitze von jeder Seite etwa 2 Minuten grillen. Die Palmherzen auf dem Carpaccio verteilen. Mit ein paar Brunnenkresseblättchen und Zitronenabrieb garnieren.

ZIEGENKÄSECROSTINI MIT APRIKOSEN-KÜRBIS-CHUTNEY

Das Besondere an dieser Chutney-Mischung: Die Aprikose bringt ein sehr intensives Fruchtaroma; der Kürbis ergibt eine gute Konsistenz. Sie können das Aprikosen-Kürbis-Chutney auch in Gläsern einmachen. So ist es lange haltbar. Es passt auch sehr gut zu gegrillten Garnelen und Fleisch. Wenn möglich, verwenden Sie ungeschwefelte Bio-Aprikosen.

4 PERSONEN, 45 MINUTEN

350 g Hokkaido-Kürbis
10 g frischer Ingwer
200 g getrocknete Aprikosen
3 EL Rapsöl
200 ml Orangensaft
1 Zimtstange
1 Vanilleschote
1 EL Limettensaft
1 Prise Cayennepfeffer
1 TL Anapurna-Currypulver
1 TL Ras el-Hanout
12 kleine Scheiben Nussbrot
200 g Ziegenfrischkäse (Rolle)

Salz, Pfeffer
Zucker

Den Kürbis vierteln, die Kerne entfernen und das Fruchtfleisch samt Schale grob würfeln. Den Ingwer schälen und fein hacken. Aprikosen, Kürbiswürfel und Ingwer in einer Pfanne in 2 EL Rapsöl anschwitzen und mit dem Orangensaft ablöschen. Zimtstange und Vanilleschote hinzufügen. Alles zugedeckt etwa 25 Minuten leicht köcheln lassen.

Zimtstange und Vanilleschote entfernen und die Masse mit dem Stabmixer fein pürieren. Anschließend mit Limettensaft, Salz, Zucker und den Gewürzen abschmecken und das Chutney durch ein feines Sieb streichen.

Die Brotscheiben in einer Pfanne im restlichen Öl (1 EL) rösten. Den Ziegenfrischkäse mit Pfeffer abschmecken und auf den Brotscheiben verteilen. Das Chutney dazu servieren.

RUCOLASALAT MIT BALSAMICO-FEIGEN UND MOZZARELLA

Die Feigen – möglichst reife und schon ein wenig weiche Früchte – sollten Sie am besten am Vortag zubereiten, da sie dann noch intensiver schmecken. Feigenbäume gibt es rund ums Mittelmeer in großer Zahl. Sie gehören zu den ältesten Nutzpflanzen des Menschen – kein Wunder, dass Adam und Eva sich im Paradies Kleider aus Feigenblättern machten … Der Feigenbaum ist eine erstaunliche Pflanze: Er blüht dreimal im Jahr und trägt dann Früchte, sodass immer Blüten und Früchte am gleichen Baum zu finden sind.

6–8 PERSONEN, 45 MINUTEN

1 Orange
150 g Zucker
300 ml alter Balsamico-Essig
4 Feigen
4 Bund Rucola
4 Kugeln Mozzarella
50 ml Balsamico-Vinaigrette (s. S. 218)

Die Orange auspressen. Den Zucker in einem Topf bei schwacher Hitze unter Rühren schmelzen, bis er goldbraun ist, und mit dem Balsamico-Essig ablöschen. Mit 200 ml Wasser auffüllen, den Zucker vom Boden loskochen und den Sud mit Orangensaft abschmecken.

Die Feigen mit einer Nadel 20-mal bis in die Mitte einstechen. Danach in den kochenden Sud geben und diesen noch einmal aufkochen. Den Sud mit den Feigen abkühlen lassen.

Den Rucola von den Stielen zupfen, den Mozzarella grob würfeln. Rucola und Mozzarella vermischen und mit der Balsamico-Vinaigrette marinieren.

Die Feigen aus dem Sud nehmen, etwas abtropfen lassen, die Stiele abschneiden, die Früchte sechsteln und zum Rucolasalat geben. Diesen direkt servieren.

GEEISTE KOPFSALAT-ERBSEN-SUPPE

Geben Sie einen kleinen Löffel Joghurt in einen Teller und gießen Sie die Suppe darauf. Das macht diese schnelle, feine Sommersuppe noch ein bisschen cremiger. Und so gerne ich frische Produkte verwende: Für dieses Rezept müssen es tatsächlich Tiefkühlerbsen sein. Die Schalen von frischen Erbsen sind fast immer zu hart; die Suppe wird beim Pürieren nicht so mild und cremig, sondern unangenehm »rau« durch die verbliebenen Schalenstückchen.

4 PERSONEN, 20 MINUTEN
+ 1 STUNDE ZUM AUSKÜHLEN

500 ml kräftige Gemüsebrühe
500 g Erbsen (TK)

Die Gemüsebrühe aufkochen. Die gefrorenen Erbsen in den Mixer geben, mit der heißen Brühe übergießen und fein pürieren.

1 Kopfsalat
2 EL Mandelöl
3 EL Chardonnay-Essig
100 g Joghurt
(am liebsten Ziegenjoghurt)

Den Kopfsalat grob zerkleinern, nach und nach hinzufügen und ebenfalls pürieren. Mandelöl, Chardonnay-Essig und Joghurt unterrühren. Dann die Suppe in eine Schüssel umfüllen und 1 Stunde auf Eis kalt stellen.

Salz, Pfeffer
Zucker

Zum Schluss mit Salz, Pfeffer und Zucker abschmecken.

TOMATEN-BASILIKUM-SALAT MIT BÜFFELMOZZARELLA UND PATA NEGRA

Pata Negra – so nennt man die feinste Sorte des luftgetrockneten spanischen Serrano-Schinkens. Benannt ist er nach den schwarzen Füßen der Schweine, die im Freiland gehalten werden und sich im Wesentlichen von den Eicheln der Korkeichen ernähren dürfen. Das macht ihr Fleisch besonders schmackhaft. In der kalten, trockenen Bergluft Kastiliens reift dann der aromatische und zarte Schinken heran, der weltweit als Delikatesse gehandelt wird.

6–8 PERSONEN, 30 MINUTEN

½ Bund Basilikum
2 EL Pinienkerne
30 g Parmesan
100 ml Olivenöl
12 Kirschtomaten
4 Kugeln Büffelmozzarella
4 Bund Rucola
5 EL Balsamico-Vinaigrette (s. S. 218)
8 Scheiben Pata-Negra-Schinken

Salz, Pfeffer

Vom Basilikum die Blätter abzupfen. Die Pinienkerne in einer Pfanne ohne Fett goldbraun rösten. Den Parmesan fein reiben. Basilikum, Pinienkerne, Parmesan und Olivenöl in einen Mörser geben und zu einer dicken Creme (Pesto) zerstoßen. Diese mit Salz und Pfeffer abschmecken.

Kirschtomaten und Mozzarella in grobe Stücke schneiden, den Rucola in mundgerechte Stücke zupfen und alles in eine Schüssel geben. Mit Salz, Pfeffer und dem Pesto würzen. Den Salat auf Tellern anrichten, mit der Balsamico-Vinaigrette beträufeln und die Schinkenscheiben darauflegen.

ALIS FISCHBRÖTCHEN (BALIK EKMEK)

Statt der Makrele können Sie auch Rinderfiletstreifen nehmen, allerdings ist es dann kein Fischbrötchen mehr ... Auf die Sucuk-Wurst dürfen Sie aber auf keinen Fall verzichten. Diese türkische »Nationalwurst« aus Rind- oder Lammfleisch ist kräftig gewürzt und auch ein bisschen scharf. Sie ergänzt ganz großartig den kräftigen Geschmack der Makrele. Und wenn Sie sie einmal probiert haben, fallen Ihnen garantiert viele weitere Verwendungsmöglichkeiten ein.

4 PERSONEN, 30 MINUTEN

1 Zitrone
2 Eigelb
100 ml Rapsöl
1 Avocado
2 Tomaten
1 Zwiebel
1 Makrele (küchenfertig)
4 kleine Sucuk-Würste
4 kleine Fladenbrötchen
½ Bund Dill
½ Bund Minze

Salz, Pfeffer

Die Zitrone auspressen. Die Eigelbe mit dem Zitronensaft verrühren und langsam das Rapsöl einrühren. Mit Salz und Pfeffer abschmecken.

Die Avocado halbieren und den Stein entfernen. Das Fruchtfleisch mit einem Löffel aus der Schale lösen und in Spalten schneiden. Die Tomaten in Scheiben schneiden. Die Zwiebel schälen und in dünne Ringe schneiden.

Die Makrele und die Sucuk getrennt in zwei Pfannen ohne Fett anbraten, bis der Fisch gerade nicht mehr glasig und die Wurst rundum gebräunt ist. Makrele und Sucuk ein wenig abkühlen lassen.

Die Brötchen halbieren und dick mit der Zitronencreme bestreichen. Tomatenscheiben, Avocadospalten und Zwiebelringe auf den Unterhälften verteilen. Makrele und Sucuk klein schneiden und ebenfalls auf die Brötchen geben. Zum Schluss Dillfähnchen und Minzblätter und auf jeden Fall etwas Zitronencreme auf die Makrele geben. Jeweils mit der Brötchenoberhälfte bedecken.

GEFÜLLTE TOMATEN MIT SCHAFSKÄSE UND OLIVEN

Ohne Tomaten ist die Mittelmeerküche gar nicht vorstellbar. Und zum Glück findet man heute auch in Deutschland wieder richtig aromatische Tomaten, vor allem auf Märkten. Auch die alten Tomatensorten sind wiederentdeckt worden. Die Ochsenherztomate, die regelrechte Gewichtsrekorde aufstellt und bis zu 500 Gramm schwer werden kann, gehört dazu. Für dieses Rezept werden aber nicht die »Riesen« verwendet, sondern eher mittelgroße Exemplare. Notfalls können Sie auch aromatische Fleischtomaten verwenden. Wenn Sie sie nach 20 Minuten Backzeit mit etwas gehobeltem Parmesan bestreuen, wird das Gericht noch feiner.

4 Ochsenherztomaten
(à ca. 150 g)
2 Schalotten
1 EL Olivenöl
400 g Schafskäse
½ Bund Petersilie
2 EL Kalamata-Oliven
(ohne Stein; zum Dekorieren)

Salz, Pfeffer

4 PERSONEN, 50 MINUTEN

Die Tomaten in kochendem Wasser kurz blanchieren, häuten und anschließend aushöhlen – dafür einen Deckel abschneiden und mit einem Teelöffel das Fruchtfleisch entfernen.

Den Backofen auf 140 °C vorheizen. Die Schalotten schälen, fein würfeln, in einer Pfanne im Olivenöl glasig anschwitzen und vom Herd nehmen. Den Schafskäse grob würfeln und untermengen. Die Petersilie fein hacken und unter die Masse geben, diese mit Salz und Pfeffer würzen und in die ausgehöhlten Tomaten füllen.

Die Tomaten in einer feuerfesten Auflaufform etwa 30 Minuten im Ofen garen. Die Oliven halbieren und zur Dekoration auf die Tomaten geben.

VITELLO TONNATO

Vitello tonnato ist ein Vorspeisenklassiker der italienischen Küche. Ursprünglich stammt dieses Gericht aus dem Piemont. Mit ein paar Scheiben Weißbrot ist es auch ein feines, leichtes Abendessen für den perfekten Sommerabend. Trinken Sie einen gut gekühlten Weißwein oder Rosé dazu und genießen Sie den Sonnenuntergang.

4 PERSONEN, 45 MINUTEN
+ 1 STUNDE KÜHLZEIT FÜR DAS FLEISCH

TONNATO-SAUCE
300 g Mayonnaise
200 g Thunfisch in Öl (aus der Dose)
60 g Kapern
2 EL weißer Balsamico-Essig
1 TL Zitronensaft
1 Spritzer Worcestersauce

KALBSRÜCKEN
1 Stück Kalbsrücken (à ca. 500 g; küchenfertig)
3 EL Rapsöl (zum Braten)

1 Bio-Zitrone (zum Dekorieren)
½ Bund Rucola (zum Dekorieren)
Salz, Pfeffer

Für die Sauce Mayonnaise, Thunfisch und 50 g Kapern mit dem Stabmixer zu einer glatten Creme pürieren. Die Sauce dann mit Balsamico-Essig, Salz, Pfeffer, Zitronensaft und Worcestersauce abschmecken.

Den Backofen auf 150 °C vorheizen. Den Kalbsrücken mit Salz und Pfeffer würzen und in einer Pfanne von allen Seiten im Rapsöl kräftig anbraten. Für etwa 15 Minuten in einer feuerfesten Auflaufform in den Ofen geben. Das Fleisch in Frischhaltefolie gewickelt für mindestens 1 Stunde in den Kühlschrank legen.

Wenn der Kalbsrücken durchgekühlt ist, dünne Scheiben herunterschneiden und eine kalte Servierplatte damit auslegen. Die Zitrone ebenfalls in dünne Scheiben schneiden. Das Fleisch mit der Tonnato-Sauce bedecken, die restlichen Kapern (10 g) darauf verteilen und alles mit Rucola und Zitronenscheiben dekoriert servieren.

WEINBLATTSUPPE

Weinblätter kennt man hauptsächlich als mit Reis oder einer Reis-Hackfleisch-Mischung gefüllte Röllchen. Die leicht säuerlichen Blätter lassen sich aber vielseitig verwenden, wie dieses feine und doch ganz einfache Suppenrezept beweist. Sie brauchen nur ein bisschen Zeit, bis die Weinblätter gar sind. Wenn Sie vor dem Servieren noch etwas geschlagene Sahne in die heiße Suppe geben und mit dem Stabmixer kurz pürieren, bekommen Sie einen sehr schönen Schaum auf der Suppe. Dann sieht sie fast aus wie ein Cappuccino.

4 PERSONEN, 1 STUNDE

1 Zwiebel
1 Knoblauchzehe
3 EL Olivenöl
1 EL Dukka
1 Prise getrockneter Oregano
1 Prise getrocknete Minze
1 Prise getrockneter Bergthymian
1 Prise Cayennepfeffer
1 Prise gemahlene Zimtblüte
1 Prise gemahlener Kreuzkümmel
800 ml Gemüsebrühe
700 ml Tomatenfond (s. S. 219; oder Gemüsebrühe)
400 g mehligkochende Kartoffeln
200 g Weinblätter (aus dem Glas), gewässert

Salz, Zucker

Die Zwiebel und den Knoblauch schälen, beides in Scheiben schneiden und in 2 EL Olivenöl glasig anschwitzen. Dann die Gewürze dazugeben und mitrösten. Alles mit der Gemüsebrühe und dem Tomatenfond ablöschen.

Die Kartoffeln schälen und in grobe Würfel schneiden, die Weinblätter ausdrücken und grob schneiden. Beides in die Suppe geben und das Ganze in 45 Minuten langsam weich kochen.

Die Suppe anschließend mit dem Stabmixer fein pürieren und durch ein feines Sieb streichen. Mit Salz, Zucker und dem restlichen Olivenöl (1 EL) abschmecken.

GEFÜLLTE GURKEN MIT DILL-MINZ-BULGUR UND GEWÜRZJOGHURT

Ein wunderbares Sommeressen, das alles enthält, was die Küche in den Ländern südlich des Mittelmeeres so aufregend macht: leichten und sehr bekömmlichen Bulgur, fein säuerlichen Joghurt, die warmen orientalischen Gewürze und die Frische von Gurken und Tomaten. Statt Bulgur können Sie auch den etwas feinkörnigeren Couscous verwenden.

4 PERSONEN, 30 MINUTEN

GEWÜRZJOGHURT

1 Zitrone
200 g Joghurt
1 Prise gemahlener Kreuzkümmel
1 Prise Anapurna-Currypulver
1 Prise gemahlener Zimt
1 Prise Paprikapulver edelsüß

GEFÜLLTE GURKEN

1 Knoblauchzehe
1 Bund Minze
½ Bund Dill
200 ml Gemüsebrühe
3 EL Olivenöl
70 g Bulgur
4 kleine Salatgurken
1 Prise Cayennepfeffer
1 Prise gemahlener Koriander
4 Kirschtomaten

Salz, Pfeffer
Zucker

Für den Gewürzjoghurt die Zitrone auspressen. In einer Schüssel den Joghurt mit Salz, Zucker, Kreuzkümmel, Curry, Zimt, Paprika und 1 Spritzer Zitronensaft abschmecken.

Für die gefüllten Gurken den Knoblauch schälen und fein hacken. Die Minze und die Hälfte des Dills ebenfalls fein hacken. Dann die Gemüsebrühe mit Salz, Pfeffer und Knoblauch abschmecken und mit 1 EL Olivenöl zum Kochen bringen. Den Bulgur dazugeben und zugedeckt 20 Minuten ziehen lassen. Anschließend mit einer Gabel auflockern und mit der Minze und dem Dill verfeinern.

Die Gurken waschen, vom Stielansatz befreien und längs halbieren. Mit einem Teelöffel die Kerne entfernen und so eine längliche Mulde schaffen.

Den Bulgur mit Salz, Zucker, Cayennepfeffer, Koriander, restlichem Zitronensaft und Olivenöl (2 EL) vermischen. Die Kirschtomaten halbieren, mit Salz, Zucker und Cayennepfeffer würzen.

Den Bulgur in die Gurken füllen. Diese mit Joghurt, Tomaten und restlichem Dill servieren.

PAPRIKA-RHABARBER-SUPPE

Dieses Rezept gelingt besonders gut, wenn der Rhabarber im Frühling noch ganz jung und zart ist. Die Mischung von Paprika, Rhabarber und Gurke ist sehr aromatisch und fruchtig – und der frische Ingwer gibt die richtige Schärfe und Frische dazu. Ein echter Muntermacher gegen die Frühjahrsmüdigkeit!

4 PERSONEN, 45 MINUTEN

1 kg gelbe Paprikaschoten
200 g Rhabarber
30 g frischer Ingwer
150 g Zwiebeln
3 EL Olivenöl
800 ml Gemüsebrühe
1 Salatgurke
1 Limette
1 EL Haselnussöl

Salz, Pfeffer
Zucker

Die Paprikaschoten vierteln, entkernen und mit der Hautseite nach oben nebeneinander auf ein Backblech legen. Unter dem vorgeheizten Backofengrill 6–8 Minuten rösten, bis die Haut schwarze Blasen wirft. Die Paprika dem Ofen nehmen, mit Alufolie für 10 Minuten abdecken und anschließend häuten.

Ein Paprikaviertel quer in 0,5 cm dicke Streifen schneiden und für die Einlage beiseitestellen. Die restliche Paprika in Stücke schneiden.

Den Rhabarber schälen und in 3 cm große Stücke schneiden. Ingwer und Zwiebeln schälen, beides in feine Würfel schneiden. Das Olivenöl in einem Topf erhitzen. Ingwer und Zwiebeln darin bei mittlerer Hitze anschwitzen. Paprika und Rhabarber dazugeben, mit Gemüsebrühe auffüllen und alles 15 Minuten köcheln lassen.

Inzwischen die Gurke ungeschält in dünne Scheiben schneiden. Die Limette auspressen. Limettensaft und Haselnussöl verrühren und über die Gurkenscheiben geben. Diese mit Salz und Pfeffer würzen und vorsichtig mischen. 10 Minuten ziehen lassen.

Die Suppe mit dem Stabmixer sehr fein pürieren. Mit Salz und Zucker abschmecken. Paprikaeinlage und Gurkenscheiben mit der Suppe auf Schalen verteilen.

JAKOBSMUSCHELN MIT ZUCKERSCHOTEN IN LIMETTEN-INGWER-BUTTER

Läuterzucker ist ein Sirup aus Zucker und Wasser im Verhältnis 1 : 1. Zucker und Wasser werden zusammen aufgekocht und dann abgekühlt. Manchmal werde ich gefragt, warum ich nicht bei allen meinen Gerichten kräftige orientalische Gewürze verwende. Irgendwie erwarten die Gäste das wohl von mir. Aber starke Gewürze passen nun mal nicht überall. Das feine Fleisch der Jakobsmuschel braucht eine sanfte Behandlung, auch beim Würzen.

4 PERSONEN, 30 MINUTEN

400 g Zuckerschoten
2 EL Erbsen (TK)
50 g frischer Ingwer
8 Limetten
1 Chilischote
1 Stange Zitronengras
250 ml Geflügelbrühe
100 ml Läuterzucker
12 Jakobsmuscheln, ausgelöst
250 g Butter (kalt)

Meersalz, Pfeffer

Die Zuckerschoten mit den Erbsen in kochendem Salzwasser blanchieren und sofort in Eiswasser abschrecken. Dann warm stellen. Den Ingwer schälen und fein hacken. Die Limetten auspressen. Die Chilischote längs aufschneiden, entkernen und fein hacken.

Den Limettensaft mit dem Ingwer und dem Zitronengras in einem Topf bei mittlerer Hitze auf die Hälfte einkochen lassen. Mit der Geflügelbrühe auffüllen und nochmals auf die Hälfte reduzieren. Den Läuterzucker dazugeben, alles mit Salz, Pfeffer und der Chilischote abschmecken. Die Sauce durch ein Sieb in einen anderen Topf seihen.

Die Jakobsmuscheln in einer großen Pfanne in 1 EL Butter von beiden Seiten goldgelb anbraten und mit etwas Meersalz würzen. Die Limetten-Ingwer-Sauce mit der restlichen kalten Butter (235 g) binden.

Muscheln und Zuckerschoten in der Sauce wenden und auf vorgewärmten Tellern servieren.

MANDEL-KNOBLAUCH-SUPPE MIT KOKOS

Dies ist ein Gericht für den Frühsommer, denn Sie brauchen dazu frische Mandeln – und die gibt es nur zu dieser Zeit. Diese Variante stammt aus Mallorca, wo schon im Februar die Mandelbäume blühen. An anderen Orten rund ums Mittelmeer beginnt die Mandelblüte im März/April: ein wunderschöner Anblick, der auch viele Touristen anzieht. Eigentlich ist diese Suppe schon pur ein Genuss. Wenn sie Ihnen allein nicht genügt, servieren Sie gern ein paar gebratene Garnelen dazu.

4 PERSONEN, 1 STUNDE

3 Knoblauchknollen
5 Schalotten
2 EL Butter
2 EL Olivenöl
2 mehligkochende Kartoffeln, geschält und gekocht
400 ml Gemüsebrühe
200 g Mandelkerne
½ Kokosnuss
1 TL Zitronensaft

Salz, Pfeffer
Zucker

Den Knoblauch auf ein Backblech legen und bei 160 °C für 40 Minuten in den Backofen geben. In der Zwischenzeit die Schalotten schälen, fein würfeln und in der Butter und 1 EL Olivenöl anschwitzen. Dann den geschmorten Knoblauch aus der Schale drücken und mit den Kartoffeln zu den Schalotten geben. Die Gemüsebrühe hinzufügen und leicht köcheln lassen.

Die Mandeln auf einem ofenfesten Teller in den Ofen geben und 15 Minuten rösten. Den Ofen nicht ausschalten. Die Mandeln herausholen und etwas abkühlen lassen, die Haut abziehen (das sollte jetzt ganz leicht gehen) und die Mandeln im Mörser fein zerstoßen. Anschließend in die Suppe geben und diese etwas einkochen lassen. Die Suppe mit dem Stabmixer pürieren.

Das Fruchtfleisch aus der Kokosnuss lösen, in dünne Streifen schneiden und im Ofen 5 Minuten leicht rösten.

Die Suppe mit Salz, Pfeffer, Zucker und Zitronensaft abschmecken und einige Kokosstreifen hineingeben. Mit dem restlichen Olivenöl (1 EL) beträufeln und servieren.

JAKOBSMUSCHELN MIT TREVISANO UND KARDAMOM-ORANGEN-VINAIGRETTE

Jakobsmuscheln, die Sie in der Schale kaufen, schmecken viel intensiver als das bereits ausgelöste Muschelfleisch, das Sie beim Fischhändler ebenfalls bekommen. Natürlich macht es etwas mehr Mühe, die Muscheln zu waschen, zu öffnen, den grauen Saum und den orangefarbenen Corail zu entfernen und das weiße Muschelfleisch auszulösen, aber es ist nicht besonders schwierig und lohnt sich auf jeden Fall. Den Corail können Sie kurz in der Pfanne anbraten und über das Gericht bröckeln, er schmeckt sehr gut und gibt noch ein bisschen Farbe.

4 PERSONEN, 25 MINUTEN

2 Bio-Orangen
½ Zitrone
1 Lorbeerblatt
4 Kardamomkapseln
1 Knoblauchzehe
80 ml Olivenöl
1 EL gehackte Petersilie
12 Jakobsmuscheln
2 Trevisano-Radicchio
1 EL Pinienkerne

Salz, Pfeffer

Die Schale der Orangen abreiben und den Saft auspressen. Die Zitrone ebenfalls auspressen. Alles in einem Topf mit den Gewürzen und dem Knoblauch etwas einkochen, dann abkühlen lassen. Lorbeerblatt, Knoblauchzehe und Kardamomkapseln herausnehmen und den Rest mit Olivenöl und Petersilie zu einer Vinaigrette verrühren.

Die Jakobsmuscheln mit Salz und Pfeffer würzen und in einer Grillpfanne ohne Fett von jeder Seite etwa 3 Minuten grillen, sodass sie außen leicht gebräunt und innen noch glasig sind.

Den Trevisano in Stücke zupfen, auf Teller verteilen und die Muscheln darauf anrichten. Die Pinienkerne in einer Pfanne ohne Fett anrösten, mit der Vinaigrette über die Muscheln geben und das Ganze servieren.

PANZANELLA

Zu der Marinade können Sie etwas Basilikumpesto (siehe Grundrezepte Seite 218) geben, das gibt dem Salat einen feinen Geschmack. Aber die meisten meiner Gäste lieben die schlichte Urversion dieses italienischen Klassikers. Im Grunde genommen ist es ein Resteessen, mit dem früher altbackenes Brot verbraucht wurde. Im Sommer, wenn die Freilandtomaten so richtig reif sind, schmeckt der Salat am allerbesten. Und wenn der Sommer zu Ende ist, endet eigentlich auch die Tomatenzeit. Im Winter gibt es in meinen Restaurants keine frischen Tomaten, es lohnt sich einfach nicht.

4 PERSONEN, 25 MINUTEN

150 g Weißbrot
3 EL Rapsöl
1 gelbe Paprikaschote
200 g reife Tomaten
1 Bund Rucola
½ Bund glatte Petersilie
2 Zweige Rosmarin
2 Zweige Thymian
2 EL alter Balsamico-Essig
5 EL Traubenkernöl
1 EL Kapern
etwas Parmesan (zum Dekorieren)

Salz, Pfeffer

Das Brot in 2 cm große Würfel schneiden und in einer Pfanne im Rapsöl bei mittlerer Hitze goldbraun rösten.

Die Paprikaschote halbieren und die Kerne entfernen. Die Tomaten vom Stielansatz befreien. Die Paprikaschote in grobe Würfel schneiden, die Tomaten vierteln.

Rucola und Petersilie grob hacken. Rosmarin- und Thymianblätter von den Zweigen zupfen.

Aus Balsamico-Essig, Traubenkernöl, Salz und Pfeffer eine Vinaigrette herstellen. Alle Salatzutaten erst kurz vor dem Servieren mit der Vinaigrette mischen. Den Salat mit den Kapern bestreuen und mit frisch gehobeltem Parmesan dekorieren.

LAUWARMER CHAOURCE AUF CHICORÉE-ORANGEN-SALAT

Der Chaource, ein französischer Weichkäse aus leicht gesalzener Kuhmilch, hat einen sehr schönen Schmelz. Wenn Sie keinen Chaource bekommen können, nehmen Sie einen anderen gut schmelzenden Käse. Taleggio ist gut geeignet, aber auch ein milder Blauschimmelkäse wie der Fourme d'Ambert oder ein kräftiger Reblochon schmeckt gut zu diesem Gericht. Auch die fein schmelzenden Ofenkäse in der runden Holzschachtel sind unbedingt einen Versuch wert.

4 PERSONEN, 30 MINUTEN

2 Chaource (à 125 g)
2 Orangen
2 rote Chicoréestauden
2 gelbe Chicoréestauden
1 Apfel (Granny Smith)
2 EL Apfelessig
4 EL Olivenöl
1 Bund Rucola
2 EL gehackte Walnüsse

Salz, Pfeffer
Zucker

Von dem Chaource die Rinde abschneiden. Den Käse in eine feuerfeste Form geben und bei 60 °C in etwa 20 Minuten im Backofen schmelzen lassen.

In der Zwischenzeit die Orangen schälen und filetieren, die Chicoréestauden in grobe Streifen schneiden und den Apfel (ungeschält oder geschält, je nach Belieben) würfeln. Die Apfelwürfel mit den Orangenfilets und den Chicoréestreifen mischen. Die Mischung mit Salz, Pfeffer, Zucker, Apfelessig und Olivenöl abschmecken. Den Rucola grob hacken und unterheben. Zuletzt die gehackten Walnüsse hinzufügen.

Den Salat auf Teller geben und mit dem geschmolzenen Chaource servieren.

KICHERERBSENSALAT MIT GEBRATENEN GARNELEN

Zu diesem Salat können Sie Paprikasalsa servieren (siehe Grundrezepte Seite 218).Wenn Sie mögen, können Sie kurz vor dem Servieren auch noch etwas Petersilie, Estragon und Thymian (jeweils gehackt) untermischen. Eine ganz wunderbare Gewürzmischung ist das Anapurna-Currypulver, das wir im Restaurant viel und gern verwenden. Es ist eine Currymischung mittlerer Röstung mit viel Knoblauch, Bockshornklee, Kreuzkümmel, Ingwer, Galgant und vielen anderen Gewürzen.

4 PERSONEN, 45 MINUTEN

2 rote Paprikaschoten
2 gelbe Paprikaschoten
2 Schalotten
1 Knoblauchzehe
200 g Kichererbsen, gekocht
50 ml weißer Balsamico-Essig
1 TL gemahlener Kreuzkümmel
1 TL Anapurna-Currypulver
80 ml Gemüsebrühe
12 Garnelen, geschält
4 EL Olivenöl

Salz, Pfeffer

Die Paprikaschoten halbieren, entkernen und mit der Hautseite nach oben nebeneinander auf ein Backblech legen. Unter dem vorgeheizten Backofengrill 6–8 Minuten rösten, bis die Haut schwarze Blasen wirft. Die Paprika aus dem Ofen nehmen, mit Alufolie für 10 Minuten abdecken, anschließend häuten.

Die Schalotten und den Knoblauch schälen und fein hacken. Die Kichererbsen grob hacken und mit allen anderen Zutaten (mit Ausnahme der Garnelen und des Olivenöls) in einer Schüssel mischen. Die Mischung mit Salz und Pfeffer abschmecken.

Die Garnelen in einer Pfanne im Olivenöl bei mittlerer Hitze von jeder Seite 3 Minuten anbraten und kurz vor dem Servieren heiß auf den Salat geben.

GEMÜSESALAT MIT TONIC

Das Tonic gibt der Creme eine herbe Note, die diesen Salat zu etwas ganz Besonderem macht. Ich liebe ihn, weil er so viele feine Gemüsesorten auf einem Teller vereint. Überhaupt wird in meinen Restaurants sehr viel mit Gemüse gekocht. Wenn Sie gern noch etwas Fleisch oder Fisch dazu hätten: Gebratene Garnelen, Jakobsmuscheln oder eine knusprig gegrillte Hähnchenkeule passt gut dazu.

4 PERSONEN, 50 MINUTEN
+ 4 STUNDEN RUHEZEIT FÜR DIE TONIC-CREME

TONIC-CREME
200 ml Tonic Water
1 Limette
Saft von 1 Salatgurke (ca. 100 ml)
3 Blatt Gelatine

GEMÜSE
1 Rettich
2 Radieschen
1 Apfel (Granny Smith)
1 Karotte
1 Grundrezept Gemüsemarinade (s. S. 219)
8 Zuckerschoten
30 g eingelegter Ingwer (in Scheiben)

TEMPURAPILZE
5 EL Tempuramehl
12 Shiitakepilze, geputzt
5 EL Mehl
100 ml Rapsöl (zum Backen)

Brunnenkresse (zum Dekorieren)
Salz, Pfeffer
Zucker

Für die Tonic-Creme das Tonic in einem Topf auf etwa 50 ml reduzieren. Die Limette auspressen. Gurkensaft und Tonic verrühren und mit Salz, Pfeffer, Zucker und Limettensaft abschmecken. Die zuvor in Eiswasser eingelegte und dann ausgedrückte Gelatine in 30 ml Tonic-Gurken-Mischung auflösen und anschließend zu der restlichen Flüssigkeit geben. Die Creme 4 Stunden kalt stellen.

Für das Gemüse den Rettich schälen und in Streifen schneiden. Die Radieschen dünn hobeln, den Apfel ungeschält würfeln. Die Karotte schälen und in lange Streifen schneiden. Die Gemüsemarinade in einem kleinen Topf zum Kochen bringen und die Karotte darin in 4 Minuten bissfest kochen, die Marinade aufbewahren. Die Zuckerschoten schräg in Streifen schneiden, kurz in kochendem Salzwasser blanchieren und in Eiswasser abschrecken. Die Gemüsesorten, den Apfel und den Ingwer nacheinander in der Marinade wenden und anschließend leicht abtropfen lassen.

Für die Tempurapilze aus dem Tempuramehl und 50 ml Wasser einen Teig anrühren. Die Pilze klein schneiden, mit dem Mehl bestäuben und im Teig wenden. Danach die Pilze in einer großen Pfanne im Rapsöl hellgelb ausbacken. Salzen und pfeffern.

Die Tonic-Creme mit einen Schneebesen aufschlagen und als Spiegel auf vier Teller gießen. Den Gemüsesalat und die Tempurapilze darauf verteilen und alles mit Kresse dekorieren.

GEBACKENES LACHSTATAR UND ROTE BETE MIT GRANATAPFEL-VINAIGRETTE

Sie können die rohen Rote-Bete-Knollen auch einzeln mit den Gewürzen und etwas Salz in Aluminiumfolie einpacken, bei 180 °C für 1½ Stunden in den Ofen geben und danach schälen. Dann haben Sie mehr Platz auf dem Herd. Beim Verarbeiten sollten Sie auf jeden Fall Gummihandschuhe tragen: Rote Bete färbt sehr intensiv, Sie haben sonst eine ganze Weile rote Finger und Fingernägel.

4 PERSONEN, 45 MINUTEN
+ 1 STUNDE KOCHZEIT FÜR DIE ROTE BETE

ROTE-BETE-SALAT
Kümmel, Piment, Lorbeer
4 Rote Beten (klein)
1 Granatapfel
2 EL Granatapfelsirup
3 EL Apfelessig
100 ml Gemüsebrühe
1 TL Zitronensaft

LACHSTATAR
1 Baguette
1 Schalotte
200 g Lachsfilet (küchenfertig)
1 EL Olivenöl
1 TL Zitronensaft
reichlich Rapsöl (zum Braten)

Sesam und Kräuter (zum Dekorieren)
Salz, Pfeffer
Zucker

Für den Rote-Bete-Salat in einem mittelgroßen Topf Wasser, Kümmel, Piment, Lorbeer und 1 EL Salz zum Kochen bringen. Die Roten Beten darin so lange kochen, bis sie weich sind. Das kann bis zu 1 Stunde dauern. Danach in Eiswasser abschrecken, mit einem kleinen Messer schälen und in dünne Scheiben hobeln.

Den Granatapfel halbieren und die Kerne herausklopfen. Aus Granatapfelsirup, Apfelessig und Gemüsebrühe eine Vinaigrette herstellen und die Granatapfelkerne hinzufügen. Alles mit Salz, Zucker und Zitronensaft abschmecken und über die gehobelte Roten Beten geben.

Für das Tatar vom Baguette die Rinde abschneiden, das Weiße in feine Würfel schneiden und beiseitestellen. Die Schalotte schälen und fein würfeln. Den Lachs ebenfalls fein würfeln und mit den Schalottenwürfeln vermengen. Das Tatar mit Salz, Pfeffer, Olivenöl und Zitronensaft abschmecken.

Den Lachs zu vier Bällchen formen, in den Brotwürfeln wälzen und diese leicht andrücken, sodass sie den Lachs komplett umhüllen. Die Kugeln in einer großen Pfanne in reichlich Rapsöl braten, bis das Brot goldbraun ist. Mit dem Rote-Bete-Salat servieren und mit Sesam und Kräutern dekorieren.

APFEL-LINSEN-SALAT

Wenn Sie gerade keine Beluga-Linsen zur Hand haben, sind auch andere kleine Linsensorten (die grünen Puy-Linsen aus Frankreich, Alblinsen und Berglinsen, die auch in Deutschland angebaut werden, oder die rotbraunen Pardina-Linsen) gut geeignet. Auch hier sind Ihrer Experimentierfreude keine Grenzen gesetzt. Und wenn Sie nicht auf Fleisch verzichten möchten, können Sie diesen Salat mit geräucherter Entenbrust servieren. Oder probieren Sie ihn auch einmal mit einer kurz gebratenen Hähnchenbrust. Linsen und Geflügel passen in den verschiedensten Variationen einfach unglaublich gut zusammen.

4 PERSONEN, 45 MINUTEN

250 g schwarze Beluga-Linsen, 2 Stunden eingeweicht und abgetropft
1 Bio-Orange
20 g frischer Ingwer
2 Lorbeerblätter
2 Pimentkörner
1 TL Senfsamen
1 Gewürznelke
3 Zweige Thymian
4 Frühlingszwiebeln
2 Äpfel (Granny Smith)
2 EL Olivenöl
100 g Kalbsjus (s. S. 219)
50 g Butter
1 Prise Cayennepfeffer
1 TL Crema di Balsamico

Salz, Pfeffer
Zucker

Die Linsen mit kaltem Wasser in einen Topf geben. Die Schale der Orange abreiben. Ingwer, Lorbeerblätter, Pimentkörner, Senfsamen, Gewürznelke, Thymian und Orangenabrieb in einen Gewürzbeutel geben, diesen mit in den Topf legen und alles 15–20 Minuten kochen, bis die Linsen weich sind.

Inzwischen Frühlingszwiebeln und ungeschälte Äpfel in dünne Ringe und Stifte schneiden. Die Apfelstifte beiseitestellen. Das Olivenöl in einer großen Pfanne erhitzen und die Frühlingszwiebeln darin leicht bräunen. Anschließend salzen.

Die Linsen durch ein Sieb abgießen und in eine andere Pfanne geben. Kalbsjus und Butter hinzufügen und alles 5 Minuten leicht köcheln lassen. Dann die Linsen mit Salz, Pfeffer, Cayennepfeffer, Crema di Balsamico und Zucker abschmecken.

Die Linsen auf vier Teller geben und mit Apfelstiften und Frühlingszwiebeln servieren.

GEMÜSE & PASTA

KÜRBISTASCHEN MIT LINSEN-VINAIGRETTE

Dieses feine vegetarische Rezept bietet mir eine gute Gelegenheit, Ihnen etwas über das Gewürz Ras el-Hanout zu erzählen. Der Name ist arabisch und bedeutet »Kopf des Ladens« oder »Chef des Ladens« – wohl deshalb, weil die Gewürzmischung aus bis zu 25 Zutaten ein Geschäftsgeheimnis ist, das nur der Chef kennt. Ras el-Hanout, ursprünglich aus Marokko, vereint scharfe, süße und bittere Aromastoffe. Muskat ist immer dabei, aber auch Exotisches wie Veilchenwurzel und Rosenblüten.

4 PERSONEN, 1 STUNDE

TEIGTASCHEN

6 Schalotten
1 Knoblauchzehe
1 EL Butter
600 g Hokkaido-Kürbis
400 ml Gemüsebrühe
1 Prise Ras el-Hanout
½ TL Dukka
1 Prise Cayennepfeffer
10 Strudelteigblätter
2 EL gehackte Petersilie
1 Eiweiß (zum Bestreichen)
100 ml Rapsöl (zum Backen)

VINAIGRETTE

100 ml Gemüsebrühe
5 EL Olivenöl
2 EL Schnittlauchröllchen
4 EL alter Balsamico-Essig
5 EL Kalbsjus (s. S. 219)
4 EL grüne Linsen, gekocht

Salz, Pfeffer, Zucker

Für die Teigtaschen Schalotten und Knoblauch schälen, fein würfeln und in der Butter glasig anschwitzen. Den Kürbis entkernen, (mit Schale) grob schneiden, zu den Schalotten geben und mitrösten. Alles mit der Gemüsebrühe auffüllen und so lange kochen, bis ein dickes Püree entstanden ist. Mit Ras el-Hanout, Dukka, Cayennepfeffer, Salz und Pfeffer abschmecken.

Die Strudelteigblätter in je vier breite Streifen schneiden. Die Kürbismasse jeweils auf dem unteren Teil des Blattes verteilen und mit Petersilie bestreuen. Die Ränder mit etwas Eiweiß bestreichen und die Teigstreifen umschlagen, sodass Dreiecke entstehen, die Ränder gut festdrücken.

Für die Vinaigrette alle Zutaten bis auf die Linsen in einer Schüssel gut verrühren. Dann die Linsen dazugeben und alles mit Salz, Pfeffer und Zucker abschmecken.

Das Rapsöl in einer großen Pfanne erhitzen, die Teigtaschen darin von beiden Seiten goldgelb ausbacken und auf Küchenpapier abtropfen lassen. Mit der Linsenvinaigrette servieren.

LINGUINI MIT TOMATEN UND OLIVEN

Dies ist einer der einfachsten Klassiker aus der italienischen Pastaküche. Sie können die Linguini, wie in Italien üblich, als Zwischengang nach einer leichten Vorspeise servieren, aber natürlich ist dieses Nudelgericht auch ein schönes, einfaches Abendessen. Die Schärfe regulieren Sie über die Chilimenge – wer Lust auf Scharfes hat, nimmt eine Schote mehr. Und auf jeden Fall gehört Parmesan dazu, der am Tisch über die Nudeln gehobelt wird.

600 g Nudelteig (s. S. 220)
1 getrocknete Chilischote
2 Knoblauchzehen
150 g getrocknete Tomaten (s. S. 220; oder aus dem Glas, abgetropft)
1 Bund Petersilie
100 g schwarze Oliven (ohne Stein)
8 EL Olivenöl
2 EL Kapern

Salz, Pfeffer

4 PERSONEN, 45 MINUTEN

Den Nudelteig dünn ausrollen und zu Linguini (dünnen Bandnudeln) schneiden. Dann die Chilischote längs halbieren, entkernen und fein hacken. Den Knoblauch schälen und in Scheiben schneiden. Die Tomaten klein schneiden. Die Petersilie fein hacken und die Oliven halbieren.

Die Nudeln in reichlich Salzwasser bissfest kochen. Chilischote, Knoblauch und getrocknete Tomaten im heißen Olivenöl in einer Pfanne kurz anschwitzen, dann Petersilie und Kapern zufügen. Die Mischung mit Salz und Pfeffer abschmecken. Die fertigen Linguini mit der Tomaten-Oliven-Mischung servieren.

BÖREK MIT SPINAT, SCHAFSKÄSE UND ZITRONENJOGHURT

Der Schafskäse ist sehr intensiv im Geschmack, alternativ kann man auch Parmesan verwenden, dann brauchen Sie aber weniger Käse. Wer es richtig mild mag, verwendet Feta aus Kuhmilch oder Büffelmozzarella. Börek habe ich vor vielen Jahren in München einmal für Mick Jagger zubereitet. Für mich war das ein ziemlich aufregendes Erlebnis, für ihn vermutlich nicht so sehr. Aber immerhin: Es hat ihm sichtlich geschmeckt.

4 PERSONEN, 40 MINUTEN

1 Knoblauchzehe
1 Zwiebel
2 EL Olivenöl
750 g Blattspinat
200 g Schafskäse
8 Filoteigdreiecke
(Kantenlänge ca. 15 cm)
1 Eigelb
1 Bio-Zitrone
200 g Joghurt

Salz, Pfeffer
Zucker

Knoblauch und Zwiebel schälen und fein hacken. Das Olivenöl in einer Pfanne erhitzen, Knoblauch und Zwiebel darin glasig anschwitzen. Den Spinat hinzufügen. Alles mit Salz und Pfeffer abschmecken. Den Schafskäse fein würfeln und untermischen.

Die Ränder der Teigdreiecke mit etwas Eigelb bestreichen und in die Mitte jeweils 2 EL Füllung geben. Zuerst die seitlichen Ecken über der Füllung zusammenschlagen und dann die verbliebene Spitze von oben nach unten darüberklappen. Die Päckchen mit dem restlichen Eigelb bestreichen.

Den Backofen auf 170 °C vorheizen. Die Schale der Zitrone abreiben und den Saft auspressen. Den Joghurt mit Zitronenabrieb, Zitronensaft, Salz, Pfeffer und Zucker abschmecken. Die Teigtaschen auf einem gefetteten Backblech im Backofen in 10–15 Minuten knusprig backen und heiß oder lauwarm mit dem Zitronenjoghurt servieren.

GEBACKENE STEINPILZE MIT ZITRONEN-KORIANDER-CREME

Statt der Steinpilze können Sie auch Champignons oder Egerlinge verwenden. Auch mit Kräuterseitlingen schmeckt die Zitronen-Koriander-Creme bestens. Und wenn Sie selbst Pilze sammeln, ist dieses Rezept natürlich auch für Ihre Funde gut geeignet. Wenn Sie viel Aroma in Ihrem Pilzgericht behalten wollen, sollten Sie die Pilze nicht waschen, sondern nur abreiben, um Sand und Erde zu entfernen. Pilzgerichte sind in der klassischen Mittelmeerküche übrigens nicht besonders häufig, obwohl es in manchen Gegenden nördlich des Mittelmeers viele Pilze gibt und in den Familien sicher das eine oder andere Rezept weitergegeben wird.

4 PERSONEN, 30 MINUTEN

PILZE

3 Eier
1 Knoblauchzehe
100 g Mehl
250 ml Milch
400 g Steinpilze
100 ml Rapsöl

CREME

300 g Joghurt
2 EL Zitronensaft
½ Bund Koriandergrün

Salz, Pfeffer

Für die Pilze die Eier trennen. Den Knoblauch schälen und fein reiben. Die Eigelbe mit dem Mehl, der Milch und dem Knoblauch in einer Schüssel verrühren, die Eiweiße steif schlagen und unter die Eigelbmasse rühren. Anschließend die Masse mit Salz und Pfeffer abschmecken.

Die Steinpilze putzen, große Pilze halbieren, dann nach und nach in den Teig tauchen und in einer großen Pfanne im heißen Rapsöl kurz ausbacken. Anschließend auf Küchenpapier abtropfen lassen.

Für die Creme in einer Schüssel Joghurt und Zitronensaft verrühren und alles mit Salz und Pfeffer würzen. Den Koriander fein hacken und untermischen. Die Creme zu den gebackenen Pilzen servieren.

ERBSENRISOTTO MIT KOPFSALAT UND FLUSSKREBSEN

4 PERSONEN, 1 STUNDE

RISOTTO
4 Schalotten
2 EL Olivenöl
200 g Risottoreis
(Acquerello)
150 ml Weißwein
600 ml heiße Geflügelbrühe
150 g frische geschälte Erbsen
50 g Parmesan, fein gerieben
4 EL geschlagene Sahne

FLUSSKREBSE
1 Bund Suppengrün
1 Bund Petersilie
1 Stängel Dill
1 Lorbeerblatt
10 weiße Pfefferkörner
12 Flusskrebse
(große lebende Exemplare)
3 EL Butter

KOPFSALAT
1 Kopfsalatherz
3 EL Limettensaft
6 EL Olivenöl

Salz, Pfeffer

Für den Risotto die Schalotten schälen und fein würfeln. Das Olivenöl in einem Topf leicht erhitzen und die Schalotten darin anschwitzen. Den Reis hinzufügen, ebenfalls anschwitzen und mit dem Weißwein ablöschen. Sobald der Weißwein verdampft ist, nach und nach die heiße Geflügelbrühe angießen, salzen und pfeffern. Den Risotto 20 Minuten köcheln lassen, öfters umrühren, damit der Reis nicht am Topfboden ansetzt. Währenddessen die Erbsen in kochendem Wasser kurz blanchieren. Wenn der Risotto fertig ist, also noch leichten Biss hat, den Parmesan, die geschlagene Sahne und die Erbsen unterrühren.

Für die Flusskrebse das Suppengrün schälen, grob schneiden und in einen großen Topf mit reichlich Wasser geben. Das Wasser zum Kochen bringen und darin Petersilie, Dill, Lorbeerblatt, Pfeffer und 2 EL Salz 2 Minuten köcheln lassen. Die Flusskrebse in den stark kochenden Sud geben und mit einem Schaumlöffel unter Wasser drücken, damit sie sofort getötet werden.

Nach 3 Minuten die Flusskrebse in Eiswasser abschrecken, ausbrechen und den Darm entfernen. Die Butter in einer Pfanne aufschäumen und die Flusskrebse darin schwenken. Mit Salz und Pfeffer abschmecken.

Das Kopfsalatherz in Blätter zerzupfen. Aus Limettensaft, Salz, Pfeffer und Olivenöl eine Vinaigrette herstellen und die Salatblätter damit marinieren. Risotto und Flusskrebse mit dem Salat anrichten.

Ich bevorzuge Acquerello-Reis aus dem Piemont, eine der geschmackvollsten Reissorten überhaupt. Er braucht eine längere Kochzeit als gewöhnlicher Risottoreis, aber es lohnt sich: Das Korn wird größer und weniger klebrig und kann viel mehr Aromastoffe aus der Kochflüssigkeit aufnehmen. Das Ergebnis ist so überzeugend, dass ich gar keinen anderen Risottoreis mehr verwende.

MARINIERTE PFIFFERLINGE MIT TOMATEN-ZUCCHINI-KRAPFEN

Die Krapfen müssen bei niedriger Temperatur gebraten werden, da sie sonst sehr schnell verbrennen. Sie können auch mit mariniertem Gemüse oder zu einem frischen Blattsalat mit einem Joghurtdressing serviert werden. Weil getrocknete Tomaten verwendet werden, sind sie auch in der »tomatenlosen« kalten Jahreszeit eine beliebte Erinnerung an die Düfte und Geschmackserlebnisse des Sommers.

4 PERSONEN, 40 MINUTEN

1 mittelgroße Zucchini
2 Schalotten
300 g Pfifferlinge
2 EL Olivenöl
50 ml Gemüsebrühe, stark eingekocht
2 EL weißer Balsamico-Essig
2 EL Schnittlauchröllchen
2 EL Traubenkernöl
3 EL getrocknete Tomaten (s. S. 220; oder aus dem Glas, abgetropft)
80 g Pecorino
2 Eier
100 ml Rapsöl (zum Braten)
1 EL gehackte Petersilie

Salz, Pfeffer

Die Zucchini fein raspeln, salzen und 30 Minuten stehen lassen. Die Schalotten schälen und fein würfeln.

Pfifferlinge und Schalotten im heißen Olivenöl anbraten und mit Salz und Pfeffer abschmecken. Gemüsebrühe, Balsamico-Essig, Schnittlauch und Traubenkernöl dazugeben.

Die getrockneten Tomaten hacken, den Pecorino hobeln. Die Eier trennen. Die Zucchini ausdrücken, mit den Tomaten, den Eigelben und dem Pecorino vermischen. Die Masse mit Salz und Pfeffer abschmecken. Die Eiweiße steif schlagen und unterheben. Von der Masse mit Esslöffeln kleine Krapfen abstechen und diese in einer großen Pfanne im Rapsöl bei niedriger Hitze von beiden Seiten goldbraun anbraten.

Die marinierten Pfifferlinge und die Krapfen zusammen anrichten und kurz vor dem Servieren mit der gehackten Petersilie bestreuen.

GEBRATENE WALDPILZE MIT SELLERIE-HASELNUSS-CREME UND RÖSTZWIEBELN

Zu diesem Gericht passt ganz hervorragend ein gebratenes Kalbsfilet. Am besten braten Sie das Stück im Ganzen von beiden Seiten kurz an und lassen es im Backofen bei 150 °C noch 15 Minuten nachziehen. Wenn Sie es danach in Scheiben aufschneiden, ist es rosig und saftig, genau wie es sein soll.

4 PERSONEN, 1 STUNDE

RÖSTZWIEBELN

1 mittelgroße Zwiebel
2 EL Mehl
100 ml Rapsöl (zum Braten)

SELLERIE-HASELNUSS-CREME

300 g Knollensellerie
80 g Schalotten
180 g Haselnüsse
2 EL Rapsöl
150 ml Gemüsebrühe
100 g Schlagsahne
100 ml Milch

GEBRATENE PILZE

8 Steinpilze
100 g Pfifferlinge
4 Kräuterseitlinge
50 g Butter
2 EL Schnittlauchröllchen

Salz, Pfeffer
Zucker

Für die Röstzwiebeln die Zwiebel in feine Ringe schneiden und mit etwas Mehl bestäuben. Die Zwiebelringe in einer großen Pfanne im heißen Rapsöl braten, bis sie goldgelb sind.

Für die Creme Sellerie und Schalotten schälen und grob würfeln. Zusammen mit den Haselnüssen im Rapsöl anschwitzen, bis die Schalotten glasig sind. Mit der Gemüsebrühe ablöschen und alles 10 Minuten köcheln lassen, bis der Sellerie weich ist.

Sahne und Milch hinzugeben und alles mit dem Stabmixer pürieren, bis eine glatte Creme entsteht. Diese mit Salz, Pfeffer und etwas Zucker abschmecken.

Die Pilze von Sand und Schmutz befreien und in 1 EL Butter scharf anbraten. Wenn sie leicht braun werden, die restliche Butter (35 g) und die Schnittlauchröllchen dazugeben. Die Pilze mit Salz und Pfeffer abschmecken, mit den Röstzwiebeln anrichten und mit der Sellerie-Haselnuss-Creme servieren. Dazu passt frisches Brot oder gebratenes Kalbsfilet.

SPARGEL MIT MORCHELN UND JUNGEN ERBSEN

Die Morchel ist einer der feinsten Speisepilze überhaupt und nach Trüffel auch einer der teuersten. So weit, so gut. Wussten Sie aber, dass die weitaus meisten Morcheln, die Sie auf dem Markt in Deutschland zu kaufen bekommen, aus der Türkei importiert werden? Dort gibt es Morcheln in großen Mengen – und sie werden fast komplett exportiert. Wenn Sie keine frischen Pilze bekommen, können Sie auch getrocknete Morcheln verwenden. Diese müssen allerdings gewässert und sehr gründlich abgespült werden, da sich in den vielen Rillen leicht Sand absetzt.

4 PERSONEN, 40 MINUTEN

SPARGEL

20 Stangen grüner Spargel
etwa 3 EL Butter

MORCHELN

1 Schalotte
150 g frische Morcheln
5 EL kalte Butter, in Flöckchen
100 ml trockener Sherry
200 ml Geflügelbrühe
250 g Schlagsahne
4 EL Geflügeljus (s. S. 219)
1 Zitrone
1 Prise Cayennepfeffer

ERBSEN

200 g junge geschälte Erbsen
6 EL Butter
200 ml Geflügelbrühe

Salz, Zucker

Den Spargel schälen und in leicht gesalzenem Wasser mit etwas Zucker und Butter in etwa 10–15 Minuten bissfest kochen. Anschließend in einer Pfanne in 2 EL Butter mit 1 Prise Zucker und etwas Salz glasieren und abschmecken.

Für die Morcheln die Schalotte schälen und fein würfeln. Die Morcheln von Sand und Schmutz befreien. Die Schalotte in 1 EL Butter anschwitzen. Die Morcheln hinzufügen und kurz andünsten. Danach mit dem Sherry ablöschen. Die Geflügelbrühe dazugeben und leicht einkochen lassen. Sahne und Geflügeljus hinzugeben und alles etwas köcheln lassen. Die Zitrone auspressen. Die Morcheln mit Salz, Cayennepfeffer, Zitronensaft und 4 EL Butter abschmecken.

Die Erbsen in einer Pfanne in der Butter glasieren, mit der Geflügelbrühe aufgießen und darin 2 Minuten garen. Mit Salz und Zucker abschmecken.

Die Erbsen zusammen mit dem Spargel auf Tellern anrichten und mit den Morcheln servieren.

FALAFELN MIT HARISSA-MINZ-JOGHURT

Falafeln sind in Israel und in den nordafrikanischen Ländern sehr beliebt. Man kann sie mit den verschiedensten Dips servieren; auch mit Hummus oder einem schlichten Tsatsiki schmecken sie ganz köstlich. Im Restaurant serviere ich sie sehr gern zu meinem Rote-Bete-Salat (s. S. 67). Das bringt einen guten Schuss Frische und Farbe auf den Teller.

4 PERSONEN, 60 MINUTEN

FALAFELN

100 g Schalotten
1 Knoblauchzehe
150 g Kichererbsen, eingeweicht und abgetropft
1 EL Olivenöl
1 Prise Ras el-Hanout
½ TL Dukka
½ TL Anapurna-Currypulver
200 ml Gemüsebrühe
1 Bund Minze
½ Bund Petersilie
3 EL braune Butter (s. S. 220)
4 Eigelb
100 ml Rapsöl (zum Braten)

JOGHURT

1 Zitrone
250 g Joghurt
½ TL Harissa

Salz, Pfeffer

Für die Falafeln die Schalotten schälen und grob würfeln. Den Knoblauch schälen und zerdrücken. Die abgetropften Kichererbsen mit den Schalotten und dem Knoblauch im Olivenöl anschwitzen, bis die Schalotten glasig sind. Die Gewürze hinzufügen und kurz mitrösten, alles mit Brühe ablöschen und etwa 45 Minuten köcheln lassen, bis die Kichererbsen weich sind.

In der Zwischenzeit die Blätter von Minze und Petersilie abzupfen. Nach der Garzeit die Hälfte der Minze und die ganze Petersilie unter die Kichererbsen rühren. Alles mit dem Stabmixer pürieren und die braune Butter hinzufügen.

Wenn die Masse etwas abgekühlt ist, die Eigelbe unterrühren. Kleine Bällchen aus der Masse formen und in einer großen Pfanne im Rapsöl goldbraun braten. Anschließend auf einem Küchenpapier abtropfen lassen.

Für den Joghurt die restliche Minze fein hacken, die Zitrone auspressen. Den Joghurt mit 3 EL Minze verrühren und mit Salz, Pfeffer, Zitronensaft und Harissa (Vorsicht, scharf!) abschmecken. Die Falafeln und den Joghurt getrennt servieren.

AUBERGINEN-BÄRLAUCH-ROULADE MIT SPINAT UND ORANGENBUTTER

Auberginen sind fast das einzige Gemüse, das das ganze Jahr auf der Karte steht. So sehr ich sonst im Restaurant darauf achte, möglichst nur die saisonal verfügbaren Gemüsesorten zu verwenden: Aubergine ist fast immer dabei. In Italien wird schon seit dem 15. Jahrhundert mit diesem kulinarischen Allroundtalent gekocht. Inzwischen werden Auberginen auch in Deutschland angebaut, die weitaus meisten Früchte werden aber aus dem Mittelmeerraum importiert, vor allem aus der Türkei.

4 PERSONEN, 1 STUNDE

2 große Auberginen
5 EL Olivenöl
2 Tomaten
8 Bärlauchblätter
1 Knoblauchzehe
200 g Blattspinat
1 EL Butter (zum Braten)
1 Prise geriebene Muskatnuss
3 Orangen
1 Prise Cayennepfeffer
3 EL kalte Butter, in Flöckchen
3 EL geriebener Parmesan

Salz, Pfeffer

Die Auberginen längs in 5 mm dicke Scheiben schneiden und im Olivenöl von jeder Seite etwa 5 Minuten anbraten. Anschließend auf Küchenpapier abtropfen lassen.

Die Tomaten vierteln, vom Stielansatz befreien und zusammen mit dem Bärlauch auf die Auberginenscheiben legen. Alles einrollen und mit Salz und Pfeffer würzen.

Den Knoblauch schälen und grob zerdrücken. Den Blattspinat mit Butter und Knoblauch in einem Topf anschwitzen, mit Salz, Pfeffer und Muskat abschmecken.

Die Orangen auspressen. Den Saft in einem Topf auf die Hälfte reduzieren, mit Salz, Pfeffer und Cayennepfeffer abschmecken. Die Butterflöckchen mit dem Stabmixer unter den Saft mixen.

Die Auberginenrouladen mit Parmesan bestreuen und unter dem Backofengrill leicht gratinieren. Mit der Orangenbutter servieren.

TAGLIERINI MIT TOMATEN-KÜRBIS-SUGO

Wenn Ihnen das Schneiden der dünnen Taglierini nicht so recht gelingen will, können Sie auch breitere Bandnudeln schneiden – nur Mut, der Geschmack ist derselbe. Der Hokkaido-Kürbis ist ein mittelgroßer Kürbis mit besonders feinem Fleisch, das dennoch beim Kochen stabil bleibt. Im Gegensatz zu den meisten anderen Kürbissorten muss er nicht geschält werden, Sie müssen also nur die Kerne und die Fasern im Inneren entfernen und können ihn sofort komplett verwenden.

4 PERSONEN, 40 MINUTEN

400 g Hokkaido-Kürbis
2 Schalotten
4 EL Butter
1 EL Tomatenmark
250 ml Gemüsebrühe
3 Tomaten
1 Bund Petersilie
2 EL Kürbiskerne
80 g Parmesan
500 g Nudelteig (s. S. 220)

Salz, Pfeffer

Den Kürbis vierteln, die Kerne entfernen und das Fruchtfleisch samt Schale grob würfeln. Die Schalotten schälen, fein würfeln und mit dem Kürbis in einer Pfanne in der Butter anschwitzen. Anschließend das Tomatenmark hinzufügen und alles mit der Gemüsebrühe ablöschen. Dann 20 Minuten leicht köcheln lassen.

Inzwischen die Tomaten in kochendem Wasser kurz blanchieren, häuten, vom Stielansatz befreien und würfeln. Die Petersilie hacken. Die Kürbiskerne in einer Pfanne rösten und grob hacken. Die Tomatenwürfel zum Kürbis geben und alles mit Salz und Pfeffer abschmecken. Dann Petersilie und Kürbiskerne unterrühren. Den Parmesan hobeln.

Den Nudelteig dünn ausrollen, zu Taglierini schneiden und diese in reichlich Salzwasser bissfest kochen.

Die Taglierini mit dem Tomaten-Kürbis-Sugo und dem gehobelten Parmesan anrichten.

TALEGGIO-GNOCCHI MIT SPINATCREME

Braune Butter entsteht, wenn Sie Butter in einem Topf langsam erhitzen, bis sie zu schäumen beginnt. Wenig später steigen Eiweißpartikel auf, die die Butter bräunen lassen und ihr ein wunderbares nussiges Aroma verleihen. Sie wird dann durch einen Kaffeefilter gegossen und bis zur Verwendung aufbewahrt. Sie hält sich 1–2 Wochen, sodass Sie sie auf Vorrat herstellen können. Wer mag, hobelt noch etwas Parmesan über den fertigen Teller und richtet die Gnocchi mit ein paar Spinatblättchen an.

4 PERSONEN, 1 STUNDE

GNOCCHI

400 g mehligkochende Kartoffeln
4 EL Mehl
6 EL Speisestärke
2 TL gehackter Majoran
200 g Taleggio
50 g Butter

SPINATCREME

2 Schalotten
1 Knoblauchzehe
5 EL Butter
250 g Blattspinat
3 mehligkochende Kartoffeln, geschält und gekocht
5 EL braune Butter (s. S. 220)
5 EL Crème fraîche
1 Prise geriebene Muskatnuss

Salz, Pfeffer

Für die Gnocchi die Kartoffeln schälen und in reichlich Salzwasser 20 Minuten kochen, dann abgießen und ausdampfen lassen.

Danach die Kartoffeln durch eine Kartoffelpresse pressen und mit Mehl und Stärke bestreuen. Den Majoran hinzufügen, alles verkneten und mit Salz und Pfeffer abschmecken. Den Taleggio in kleine Stücke schneiden. Die Kartoffelmasse zu Gnocchi formen; dabei in die Mitte jeweils ein Stückchen Taleggio einarbeiten. Die Gnocchi in siedendem Salzwasser blanchieren und danach in der zerlassenen Butter schwenken.

Für die Spinatcreme Schalotten und Knoblauch schälen, fein würfeln und in 1 EL Butter glasig anschwitzen. Den Blattspinat in kochendem Wasser kurz blanchieren und hinzufügen. Diese Mischung zusammen mit den gekochten Kartoffeln, den restlichen 4 EL Butter und der braunen Butter mit einem Stabmixer fein pürieren. Wenn eine glatte Creme entstanden ist. Die Crème fraîche dazugeben und alles mit Salz, Pfeffer und Muskatnuss abschmecken.

Die Gnocchi mit der Spinatcreme auf vorgewärmten Tellern anrichten.

SCHAFSKÄSE-QUICHE

Die berühmte Quiche Lorraine mit Lauch und Speck kommt ursprünglich aus Lothringen im Nordosten Frankreichs. Aber das Quiche-Prinzip ist so einfach und vielseitig, dass sie heute überall in Frankreich heiß geliebt wird. Und jede Region gibt ihre ganz eigenen Zutaten dazu. Im Süden und vor allem an der Mittelmeerküste gibt es feine Rezepte, die das Gemüse der Saison verwenden. Die hier vorgestellte Version greift den Thymianduft der Provence auf. Wenn Sie mögen, geben Sie noch einige fein gehackte Oliven in die Schafskäsemasse.

4 PERSONEN, 45 MINUTEN

200 g Mehl
100 g Butter
1 Eiweiß
1 Zucchini
200 g Kirschtomaten
200 g Schafskäse
4 Eier
2 EL Speisestärke
1 EL frische Thymianblättchen

Salz, Pfeffer

Mehl, Butter, Eiweiß und etwas Salz zu einem Teig verkneten, diesen dünn ausrollen und den Boden und Rand von vier Tarteletteförmchen oder einer Tarteform damit auslegen.

Zucchini, Kirschtomaten und Schafskäse in Würfel schneiden.

Den Backofen auf 200 °C vorheizen. Eier und Speisestärke verrühren. Schafskäse, Zucchini, Kirschtomaten und Thymianblättchen dazugeben und alles mit Salz und Pfeffer würzen. Die Mischung auf den Teig geben und die Quiche etwa 25 Minuten im Ofen backen. Warm oder kalt servieren.

FLAMMKUCHEN MIT STEINPILZEN

Sie wundern sich vielleicht, weshalb ich einen Hefeteig in den Kühlschrank gebe. Der Teig wird so wunderbar mürbe und schnurrt beim Ausrollen nicht immer wieder zusammen. Er reagiert tatsächlich »entspannt« auf die Weiterverarbeitung. Das kalte Gehen funktioniert übrigens auch gut bei Brotteig. Wenn Sie z. B. am Sonntagmorgen frische Brötchen backen wollen, empfiehlt es sich, den Teig einfach am Abend vorher zuzubereiten, um ihn in den Kühlschrank zu stellen und kalt gehen zu lassen. Der »entspannte« Teig lässt sich auch viel besser dünn ausrollen, wie Sie es brauchen, wenn Sie knusprigen Flammkuchen backen wollen. Dafür muss der Teig nämlich dünner sein als etwa bei einer Pizza. Wer Pilze nicht gerne roh ist, kann sie vor dem Backen auf den Flammkuchen geben.

4 PERSONEN, 1 STUNDE
+ 30 MINUTEN RUHEZEIT FÜR DEN TEIG

210 g Mehl (Type 405)
7 EL Olivenöl
¼ Würfel frische Hefe
100 g Crème fraîche
2 EL Pinienkerne
3 EL weißer Balsamico-Essig
400–500 g Steinpilze
½ Bund Rucola

Salz, Pfeffer
Zucker

Das Mehl auf die Arbeitsfläche sieben. 1 EL Olivenöl, 1 TL Salz, die Hefe sowie 125 ml lauwarmes Wasser dazugeben und alles zu einem glatten Teig verkneten. Den Teig für 30 Minuten in den Kühlschrank stellen.

Nach den 30 Minuten den Teig in vier gleich große Teile schneiden und diese dünn ausrollen. Den Backofen auf 220 °C vorheizen. Die Flammkuchen mit der Crème fraîche bestreichen und in 5 Minuten im Ofen kross backen.

Die Pinienkerne in einer Pfanne ohne Fett goldbraun rösten. Aus dem Balsamico-Essig, 6 EL Olivenöl, Salz, Pfeffer und Zucker eine Vinaigrette herstellen. Die Steinpilze von Sand und Schmutz befreien, in dünne Scheiben hobeln und mit der Vinaigrette marinieren. Die Steinpilze, den Rucola und die Pinienkerne auf die noch heißen Flammkuchen geben und diese direkt servieren.

GERÖSTETES LANDBROT MIT SPINAT UND GEBACKENEM EI

Wer bisher nur deutschen Rahmspinat aus der Tiefkühltruhe kennt, wird überrascht sein, wie kräftig und vielseitig Spinat schmecken kann und wie »anders« er sich anfühlt, wenn man ihn frisch verarbeitet. Wer es richtig würzig mag, reibt das frisch geröstete Brot noch mit einer halbierten Knoblauchzehe ein. Der Pecorino sorgt ebenfalls für kräftigen Geschmack; Sie können ihn aber auch durch Parmesan ersetzen, wenn Ihnen das lieber ist.

4 PERSONEN, 40 MINUTEN

4 Scheiben Landbrot
4 EL Butter
2 Schalotten
300 g Blattspinat
1 Prise Cayennepfeffer
5 Eier
4 EL Mehl
4 EL Paniermehl
100 ml Rapsöl (zum Braten)
80 g Pecorino

Salz, Pfeffer

Das Landbrot in einer Pfanne in 3 EL Butter rösten, leicht salzen und beiseitelegen. Die Schalotten schälen, fein würfeln und in derselben Pfanne in der restlichen Butter (1 EL) anschwitzen. Den Spinat hinzufügen und mitschwitzen, bis er zusammenfällt. Alles mit Salz, Pfeffer und Cayennepfeffer abschmecken.

Vier Eier in Wasser 3 Minuten kochen, dann schälen. Das restliche Ei verquirlen. Mehl, verquirltes Ei und Paniermehl auf Teller verteilen und die gekochten Eier darin vorsichtig panieren. Anschließend in einer großen Pfanne im heißen Rapsöl goldbraun ausbacken.

Den Pecorino hobeln und kurz vor dem Servieren über das mit Spinat und Ei belegte Landbrot streuen.

ZIEGENKÄSE-FEIGEN-RAVIOLI MIT SALBEIBUTTER

Den Nudelteig sollten Sie am besten einen Tag vorher zubereiten und bis zur Verwendung im Kühlschrank aufbewahren. Er »entspannt« sich dann und lässt sich leichter verarbeiten. So bekommen Sie vielleicht Lust darauf, häufiger Ihren Nudelteig selbst herzustellen. Das lohnt sich: Selbst gemachte Nudeln schmecken einfach unvergleichlich gut. Wer Ziegenfrischkäse nicht so gern mag, kann ihn durch anderen Frischkäse ersetzen. Achten Sie aber darauf, dass Sie einen Käse verwenden, der keine Binde- oder Verdickungsmittel enthält (wie es leider bei vielen Light-Produkten der Fall ist). Sonst verliert das Gericht die Konsistenz.

4 PERSONEN, 1 STUNDE

2 EL getrocknete Tomaten (s. S. 220; oder aus dem Glas, abgetropft)
10 getrocknete Feigen
2 EL Pinienkerne
250 g Ziegenfrischkäse
2 EL gehackte Petersilie
400 g Nudelteig (s. S. 220)
100 g Butter
2 EL gehackter Salbei (und einige ganze Salbeiblätter)
80 g Pecorino

Die Tomaten und die Feigen fein würfeln. Die Pinienkerne in einer Pfanne ohne Fett anrösten und fein hacken. Den Ziegenfrischkäse mit getrockneten Tomaten, Feigen, Pinienkernen und Petersilie verrühren.

Den Nudelteig in einer Nudelmaschine zu dünnen, möglichst großen Blättern ausrollen. Aus den Blättern mit einem Ausstecher oder Wasserglas Kreise (Ø 8 cm) ausstechen, je 1 TL Ziegenfrischkäsemasse in die Mitte geben. Die Ränder mit Wasser befeuchten, die Kreise zu Ravioli-Halbkreisen zusammenklappen und die Ränder fest zusammendrücken, damit sie beim Kochen nicht aufgehen.

Die Ravioli in reichlich Salzwasser etwa 5 Minuten kochen (wenn sie aufsteigen, sind sie gar). Die Butter mit dem gehackten Salbei in einer Pfanne aufschäumen und über die Ravioli gießen.

Den Pecorino über die Ravioli hobeln und diese mit den Salbeiblättern dekorieren.

FISCH & MEERESFRÜCHTE

LAUWARMER LACHS MIT MARINIERTEM GEMÜSE

Zarte Anklänge an die asiatische Küche sind hier durchaus beabsichtigt: Zum Lachs passen die Zitrus- und Wasabinoten einfach sehr gut. Der Lachs, den Sie verwenden, sollte von besonders guter Qualität sein. Wenn Sie echten Wildlachs bekommen, sollte er aus MSC-zertifiziertem Fischfang stammen. Zuchtlachs sollte auf jeden Fall Bio-Qualität haben.

4 PERSONEN, 50 MINUTEN

LACHS

4 Lachsfilets
(à 140 g; küchenfertig)
2 EL Olivenöl
1 Zitrone
2 EL Schnittlauchröllchen
200 g Zucker
200 ml Gemüsebrühe
1 Limette
3 EL Apfelessig
2 EL Weißweinessig
5 EL Rapsöl
½ TL Fenchelsamen
1 Lorbeerblatt
1 Rettich
2 Radieschen
1 Apfel (Granny Smith)
1 Karotte
50 g Zuckerschoten
30 g eingelegter Ingwer

WASABICREME

80 g Joghurt
1 TL Wasabi
1 EL Sojasauce
1 TL Zitronensaft

Salz, Pfeffer
Zucker

Für den Lachs den Backofen auf 60 °C vorheizen. Die Lachsfilets waschen, trocknen, mit dem Olivenöl einreiben und auf ein Backblech legen, dieses mit ofenfester Frischhaltefolie abdecken und für 10 Minuten in den Ofen geben.

Die Zitrone auspressen, Schnittlauchröllchen und 1 TL Zucker unterrühren und beiseitestellen.

Den restlichen Zucker (195 g) in einem Topf bei schwacher Hitze unter Rühren schmelzen, bis er goldgelb ist. Mit der Brühe ablöschen. Die Limette auspressen und den Saft dazugeben. Danach Essig, Öl, Fenchelsamen und Lorbeerblatt hinzufügen und den Karamell vom Topfboden loskochen. Die Marinade 20 Minuten ziehen lassen und durch ein feines Sieb seihen.

Den Rettich schälen und in kleine Spalten schneiden. Die Radieschen dünn hobeln. Den Apfel mit der Schale in Streifen schneiden. Die Karotte schälen, längs halbieren und in Scheiben schneiden. Etwas Marinade in einem kleinen Topf zum Kochen bringen und darin die Karotte in etwa 4 Minuten bissfest kochen. Die Zuckerschoten 1 Minute in kochendem Salzwasser blanchieren und in Eiswasser abschrecken. Die Gemüsesorten einzeln in der Marinade wenden, dann in einer Schüssel mischen und den in Scheiben geschnittenen Ingwer dazugeben.

Für die Wasabicreme Joghurt, Wasabi, Sojasauce und Zitronensaft verrühren und alles mit Salz und Zucker abschmecken. Den Fisch mit der Zitronen-Schnittlauch-Sauce beträufeln, mit dem marinierten Gemüse und 1 Klecks Wasabicreme servieren.

KABELJAU MIT ZITRONEN-KARTOFFELN, PIMIENTOS UND TOMATENPESTO

Pimientos sind immer für eine Überraschung gut. Manchmal sind sie ganz mild, manchmal ist plötzlich eine darunter, die richtig scharf ist. Aber die Mischung macht's. Die kleinen grünen Schoten schmecken auch ganz wunderbar, wenn man sie nur in Olivenöl anbrät und mit etwas grobem Salz und einem Stück Baguette oder Fladenbrot als Vorspeise serviert. Auch als Beilage zu gegrilltem Fleisch und Fisch sind sie immer beliebt.

4 PERSONEN, 1 STUNDE

8 Kartoffeln
2 Bio-Zitronen
8 EL Olivenöl
200 g getrocknete Tomaten (s. S. 220; oder aus dem Glas, abgetropft)
30 g Parmesan
12 Pimientos de Padrón
4 Kabeljaufilets mit Haut (à 120 g; küchenfertig)

Salz, Pfeffer

Den Backofen auf 170 °C vorheizen. Die Kartoffeln schälen und in Spalten schneiden. Die Schale einer Zitrone abreiben, den Saft auspressen. Die zweite Zitrone in Scheiben schneiden. Die Kartoffeln mit Salz, Pfeffer, 3 EL Olivenöl, der Hälfte des Zitronenabriebs und dem Zitronensaft würzen. Die vorbereiteten Kartoffeln auf ein Backblech geben, die Zitronenscheiben dazugeben und alles 40 Minuten backen.

Die Tomaten mit 2 EL Olivenöl und dem Parmesan im Mixer zu einem Pesto zerkleinern. Die Pimientos in einer großen Pfanne in 2 EL Olivenöl kurz anbraten und mit Salz und dem restlichen Zitronenabrieb würzen. Warm halten.

Den Kabeljau waschen, trocknen, leicht salzen und im restlichen Olivenöl (1 EL) auf der Hautseite etwa 4 Minuten braten, dann wenden und in etwa 2 Minuten fertig braten. Die Fischfilets mit den Zitronenkartoffeln, den Pimientos und dem Tomatenpesto anrichten.

FREGOLA SARDA MIT GEBRATENEN CALAMARI

Zu Calamari, kleinen Tintenfischen, passt als mediterrane Beilage Fregola Sarda. Die kleine perlenförmige Pastasorte aus Hartweizengrieß ist im Südwesten der Insel Sardinien zu Hause. Bei der Herstellung wird sie leicht angeröstet; so entwickelt sie ihr charakteristisches nussiges Aroma. Wenn sie Sie ein wenig an Couscous erinnert, dann sind Sie durchaus auf der richtigen Spur: Die Fregola Sarda ist von Einwanderern aus Nordafrika nach Sardinien mitgebracht worden.

1 Schalotte
1 Knoblauchzehe
4 EL Olivenöl
100 g Fregola Sarda
100 ml Riesling
50 ml Noilly Prat
400 ml Tomatenfond (s. S. 219; oder Gemüsebrühe)
1 Zitrone
1 Bund glatte Petersilie
50 g Parmesan
50 g Butter
12 Calamari (küchenfertig)
je 4 Zweige Rosmarin und Thymian
4 Bio-Zitronenscheiben (zum Dekorieren)

Salz, Pfeffer

4 PERSONEN, 30 MINUTEN

Die Schalotte und die Knoblauchzehe schälen, fein hacken und in 1 EL Olivenöl anschwitzen.

Die Fregola Sarda hinzufügen und kurz mitanschwitzen. Alles mit Riesling und Noilly Prat ablöschen, mit Tomatenfond auffüllen und 15 Minuten leicht köcheln lassen.

Die Zitrone auspressen, die Petersilie fein hacken und den Parmesan hobeln. Petersilie, Parmesan und Butter zu der Fregola Sarda geben und die Pasta mit Salz, Pfeffer und 1 EL Zitronensaft abschmecken.

Die Calamari waschen, trocknen, in Streifen schneiden, in den restlichen 3 EL Olivenöl unter Wenden 1–2 Minuten anbraten und mit Salz, Pfeffer und 1 EL Zitronensaft abschmecken. Mit je einem Zweig Rosmarin und Thymian sowie einer Zitronenscheibe dekorieren.

LACHS MIT KARTOFFEL-OLIVEN-TASCHEN

Dies ist ein Gericht, mit dem Sie das ganze Jahr über kulinarische »Frühlingsgefühle« wecken. Es enthält kein Saisongemüse, sodass Sie es immer zubereiten können, wenn Ihnen nach Frische zumute ist. In meinen Restaurants achte ich sehr darauf, frische Zutaten wie Tomaten oder Basilikum nur dann zu verwenden, wenn es einheimische Freilandware in guter Qualität gibt. Außerhalb der Saison weiche ich auf gute Konserven oder getrocknete Tomaten aus. Das ist in einer Zeit, in der man alles zu jeder Zeit bekommen kann, ein wenig ungewöhnlich, aber der Geschmack gibt mir recht.

4 PERSONEN, 45 MINUTEN

2 mittelgroße Kartoffeln
1 Peperoni
1 Bund Frühlingszwiebeln
2 EL schwarze Oliven (ohne Stein)
2 Schalotten
1 Knoblauchzehe
2 EL Olivenöl
8 getrocknete Tomaten (s. S. 220; oder aus dem Glas, abgetropft)
1 EL Thymianblättchen
1 Packung Filoteig
4 EL Butter (zerlassen)
4 große Scheiben Lachsfilet mit Haut (küchenfertig)
1 Zitrone

Salz, Pfeffer

Die Kartoffeln schälen, vierteln und in Salzwasser in 20 Minuten weich kochen. Abgießen und durch eine Kartoffelpresse drücken.

Die Peperoni ohne Kerne sowie den weißen Teil der Frühlingszwiebeln in Scheiben schneiden. Die Oliven fein hacken. Schalotten und Knoblauch schälen, fein würfeln und im Olivenöl anschwitzen. Tomaten, Frühlingszwiebeln und Peperoni dazugeben und alles ganz langsam weich dünsten. Anschließend mit Salz, Pfeffer, fein gehackten Oliven und Thymian abschmecken und zum Schluss das Kartoffelpüree hinzufügen. Kalt stellen.

Den Backofen auf 180 °C vorheizen. Den Teig ausbreiten und in vier Quadrate mit 15 cm Kantenlänge schneiden. Diese Quadrate mit der zerlassenen Butter einpinseln, die Kartoffelmasse darauf verteilen, die Quadrate zu Dreiecken zusammenklappen und die Ränder fest zusammendrücken. Die Dreiecke im Ofen auf einem gefetteten Backblech in 5–8 Minuten goldbraun backen.

Den Lachs waschen, trocknen, mit Salz und Pfeffer würzen und in einer Pfanne ohne Öl auf der Hautseite in etwa 8 Minuten glasig anbraten, je nach Geschmack einmal kurz wenden. Die Zitrone auspressen. Den Lachs am Ende der Bratzeit mit dem Zitronensaft beträufeln, dann mit den Kartoffel-Oliven-Taschen servieren.

WOLFSBARSCH IN SALZ-KRUSTE MIT SAUCE GRIBICHE

Die Sauce gribiche, ursprünglich an der französischen Mittelmeerküste zu Hause, ist in der gesamten französischen Küche eine sehr beliebte Beilage. In Frankreich wird diese würzige, leicht säuerliche Sauce oft zu Kalbskopf oder Sülze gereicht. Sie passt aber auch ganz ausgezeichnet zu allen Arten von gebratenem, gegrilltem oder gedämpftem Fisch. Servieren Sie sie auch einmal zu gebratenem Oktopus.

4 PERSONEN, 1 STUNDE

WOLFSBARSCH
2 Bio-Zitronen
1 Knoblauchzehe
½ Bund glatte Petersilie
1 Eiweiß
600 g grobes Meersalz
1 Wolfsbarsch mit Kopf (1 kg), ausgenommen, aber nicht geschuppt
2 Lorbeerblätter
3 EL Olivenöl

SAUCE GRIBICHE
1 Eigelb
2 EL Gemüsebrühe
1 EL weißer Balsamico-Essig
5 EL Olivenöl
5 EL Rapsöl
1 Schalotte
2 EL blanchierte Mandelkerne
2 EL Kapern
2 Cornichons
1 Ei, hart gekocht
1 Bio-Zitrone
2 EL Schnittlauchröllchen

Salz, Pfeffer

Den Backofen auf 160 °C vorheizen. Die Zitronen in Scheiben schneiden. Den Knoblauch schälen und ebenfalls in Scheiben schneiden. Von der Petersilie die groben Stängel entfernen.

Eiweiß und Meersalz verrühren. Den Wolfsbarsch waschen, trocknen, auf ein Backblech legen und mit Zitrone, Knoblauch, Petersilie und Lorbeerblättern füllen. Danach den Fisch mit dem Olivenöl einreiben, mit der Paste aus Eiweiß und Meersalz bedecken und für 40 Minuten in den Ofen geben.

In der Zwischenzeit für die Sauce gribiche Eigelb, Gemüsebrühe und weißen Balsamico-Essig mit dem Stabmixer pürieren. Oliven- und Rapsöl langsam nach und nach mit einmixen. Die Schalotte schälen und fein würfeln, die Mandeln in einer kleinen Pfanne ohne Fett rösten und fein hacken. Kapern, Cornichons und hart gekochtes Ei ebenfalls fein hacken. Dann alles in die Sauce einrühren. Die Schale der Zitrone abreiben. Die Sauce mit Salz, Pfeffer, Schnittlauchröllchen und Zitronenabrieb abschmecken.

Die Salzkruste vom Fisch zum Servieren direkt am Tisch aufbrechen und den Wolfsbarsch filetieren.

STEINBUTTKOTELETT MIT KARTOFFEL-MORCHEL-RAGOUT

Der türkischste Fisch überhaupt – abgesehen von der Sardine – ist wohl der Steinbutt aus dem Schwarzen Meer. Es gibt ihn aber auch an der Atlantikküste, in Nordsee und Ostsee. Da er sehr groß werden kann (um die 70 cm Länge sind keine Seltenheit), wird er, anders als seine kleineren Verwandten Scholle, Seezunge und Flunder, nicht im Ganzen verkauft, sondern in Stücken, meistens als Koteletts. Steinbutt ist nicht immer leicht zu bekommen. Am besten bestellen Sie ihn bei Ihrem Fischhändler vor, der sich dann auch darum kümmert, dass die Koteletts bereits küchenfertig vorbereitet sind.

4 PERSONEN, 35 MINUTEN

400 g Kartoffeln
2 Schalotten
200 g Morcheln
6 EL Rapsöl
100 ml Gemüsebrühe
100 g Schlagsahne
4 Steinbuttkoteletts
(à 250 g; küchenfertig)
½ Bio-Zitrone
2 Stängel Basilikum

Salz, Pfeffer

Die Kartoffeln schälen, in 1,5 cm große Würfel schneiden und in Salzwasser in knapp 20 Minuten bissfest kochen.

In der Zwischenzeit die Schalotten schälen und fein würfeln. Die Morcheln von Sand und Schmutz befreien und halbieren.

Die Kartoffeln in einer großen Pfanne in 3 EL Rapsöl anbraten. Die Schalotten und die Morcheln hinzufügen. Anschließend alles mit der heißen Gemüsebrühe und der Sahne ablöschen und auf die Hälfte reduzieren. Mit Salz und Pfeffer abschmecken.

Die Zitrone in Scheiben schneiden. Den Fisch waschen, trocknen, salzen und mit zwei Zitronenscheiben im restlichen Rapsöl (3 EL) von jeder Seite in etwa 4 Minuten glasig anbraten. Zuletzt zwei Stängel Basilikum kurz mit in die Pfanne geben. Die Steinbuttkoteletts auf dem Kartoffel-Morchel-Ragout anrichten.

KABELJAU AUF GESCHMORTEM KOPFSALAT

Ja, Sie haben richtig gelesen: Kopfsalat kann man auch schmoren. Dieses Gericht ist so gut, dass Sie unbedingt einen Versuch wagen sollten. Garen Sie ihn aber nicht zu lange, sonst verliert er die frische grüne Farbe. Wenn Sie das Rezept variieren wollen, können Sie auch die Hälfte des Kopfsalats durch leuchtend dunkelroten Radicchio ersetzen. Er schmeckt ein bisschen bitter, aber dadurch wird das Gericht besonders delikat.

4 PERSONEN, 30 MINUTEN

2 Tomaten
2 Schalotten
30 g Butter
2 Kopfsalate
2 Zitronen
1 Salatgurke
2 Eier, hart gekocht
1 Zweig Rosmarin
1 Zweig Thymian
1 Bund Schnittlauch
2 EL Kapern
1–2 EL weißer Balsamico-Essig
5 EL Olivenöl
1 Prise Cayennepfeffer
4 Kabeljaufilets mit Haut (à 150 g; küchenfertig)
4 Scheiben Bacon, dünn geschnitten

Salz, Pfeffer

Den Backofen auf 120 °C vorheizen. Die Tomaten leicht einritzen, kurz mit kochendem Wasser überbrühen, mit kaltem Wasser abschrecken und häuten. Die Kerne entfernen, das Fruchtfleisch fein würfeln. Die Schalotten schälen und fein würfeln.

Die Schalotten in der Butter anschwitzen. Die Salatköpfe in Blätter zerteilen und zu den Schalotten geben. Alles bei niedriger Hitze 5 Minuten schmoren, dann mit Salz und Pfeffer würzen.

Die Zitronen schälen und filetieren. Die ungeschälte Gurke fein würfeln. Die Eier grob hacken. Rosmarin- und Thymianblätter von den Zweigen zupfen und fein hacken, den Schnittlauch in Röllchen schneiden. Die Tomaten mit Kapern, Eiern, Thymian, Rosmarin, Schnittlauch, Balsamico-Essig und 4 EL Olivenöl vermischen und alles mit Cayennepfeffer abschmecken.

Die Kabeljaufilets waschen, trocknen, mit Salz und Pfeffer würzen und im restlichen Olivenöl (1 EL) auf der Hautseite etwa 3 Minuten braten. Dann für 6 Minuten auf einer ofenfesten Platte in den Backofen geben.

Den Bacon in einer Pfanne auslassen, bis er kross ist.
Den Kabeljau auf dem geschmorten Salat anrichten, mit der Sauce beträufeln und mit dem krossen Bacon servieren.

GEGRILLTER LACHS MIT AUBERGINENPÜREE

Den Lachs können Sie eventuell nach dem Braten mit etwas Zitronensaft beträufeln. Ansonsten benötigt er nicht viel Gewürz – Lachs von wirklich guter Qualität braucht oft nicht einmal viel Salz und Pfeffer, er schmeckt einfach so aus der Pfanne schon ganz wunderbar. Auch die Bratzeit dürfen Sie knapp bemessen. Am besten schmeckt der Lachs, wenn er noch nicht ganz durchgebraten, sondern innen noch ein wenig glasig ist. Wenn Sie ihn zu lange in der Pfanne lassen, wird er leicht trocken und schmeckt nicht halb so gut.

4 PERSONEN, 60 MINUTEN

4 Auberginen
1 Zweig Rosmarin
1 Zweig Thymian
2 Knoblauchzehen
130 ml Olivenöl
2 Schalotten
4 Lachsfilets
(à 180 g; küchenfertig)

Salz, Pfeffer
Zucker

Den Backofen auf 160 °C vorheizen. Die Auberginen der Länge nach halbieren, das Fruchtfleisch in Rautenform einritzen und die Früchte mit der Schnittseite nach unten auf ein Backblech geben. Rosmarin und Thymian mit auf das Backblech geben, die Knoblauchzehen schälen, durch die Presse drücken, ebenfalls hinzufügen und alles mit 100 ml Olivenöl beträufeln. Danach für 30 Minuten in den Ofen geben.

Die Schalotten schälen, in feine Würfel schneiden und in einer großen Pfanne im restlichen Olivenöl (30 ml) anschwitzen.

Die fertigen Auberginen aus dem Backofen nehmen, das Fruchtfleisch mit einem Teelöffel herauslösen, zu den Schalotten in die Pfanne geben und alles unter ständigem Rühren 20 Minuten leicht köcheln lassen. Anschließend mit Salz, Pfeffer und Zucker abschmecken.

Die Lachsfilets waschen, trocknen, in einer Grillpfanne in etwa 8 Minuten glasig anbraten und mit Salz und Pfeffer würzen. Mit dem Auberginenpüree servieren.

KABELJAU MIT PERLGRAUPENRISOTTO

Erinnert Sie dieses Rezept ein wenig an die beliebte Saltimbocca alla Romana? Dieses Gericht mit kleinen Kalbsschnitzeln, Schinken und Salbei macht seinem Namen alle Ehre: Es »springt« in den Mund. Die Variante mit dem zarten Kabeljau ist aber mindestens ebenso köstlich. Und der Risotto aus Perlgraupen lässt bei manchen Genießern vielleicht noch Kindheitserinnerungen wach werden. Die geschliffenen Gerstenkörner sind ein wenig aus der Mode gekommen, schmecken aber so fein und zart, dass Sie sie unbedingt einmal versuchen sollten. Der Graupenrisotto wird wie ein normaler Risotto aus Rundkornreis gekocht. Wer Salbei sehr mag, richtet den Fisch noch mit einigen zusätzlichen Blättchen an.

4 PERSONEN, 45 MINUTEN

150 g Karotten
2 Schalotten
150 g Staudensellerie
50 g Butter
250 g feine Perlgraupen
100 ml Riesling
500 ml Gemüsebrühe
4 Kabeljaufilets ohne Haut (à 150 g; küchenfertig)
4 Salbeiblätter
4 dünne Scheiben Parmaschinken
5 EL Rapsöl
5 EL geriebener Parmesan
½ Bund glatte Petersilie
evtl. etwas abgeriebene Schale von 1 Bio-Limette (zum Dekorieren)

Salz, Pfeffer

Die Karotten und Schalotten schälen und zusammen mit dem Sellerie in kleine Würfel schneiden. Alles in einer Pfanne in 1 EL Butter anschwitzen, salzen und pfeffern.

Die Graupen unterrühren, kurz mitanschwitzen und mit dem Riesling ablöschen. Die heiße Gemüsebrühe zufügen, einmal aufkochen und alles etwa 15 Minuten leicht köcheln lassen.

Den Fisch waschen, trocknen, salzen und pfeffern. Jedes Filet mit einem Salbeiblatt in eine Schinkenscheibe einwickeln.

In einer Pfanne das Rapsöl erhitzen, den Fisch zunächst mit der Nahtstelle des Schinkens nach unten hineinlegen und dann von jeder Seite etwa 3 Minuten braten.

Die restliche Butter (35 g) und den Parmesan unter den Risotto rühren. Die Petersilie fein schneiden und unterrühren. Den Risotto mit Salz und Pfeffer abschmecken.

Die Kabeljaufilets mit dem Graupenrisotto anrichten. Zum Schluss eventuell mit etwas Limettenabrieb dekorieren.

MUSCHEL-GARNELEN-RAGOUT MIT SAFRAN UND KORIANDER

Für frische Miesmuscheln gilt nach wie vor die alte Grundregel: Am besten sind sie in den Monaten mit R, also von September bis April. Umso größer ist nach der sommerlichen Wartezeit dann die Freude im September, wenn die Muschelsaison wieder beginnt. Wenn Sie Muscheln im Binnenland kaufen, sind sie oft unter Schutzatmosphäre verpackt. Dann sind sie ein wenig »träge« und schließen sich nicht gleich, obwohl sie frisch und lebendig sind. Achten Sie bei der Zubereitung einfach auf die Hinweise auf der Verpackung.

4 PERSONEN, 35 MINUTEN

1 kg Miesmuscheln
3 Schalotten
5 EL Olivenöl
100 ml Noilly Prat
100 ml Weißwein
2 mittelgroße Zucchini
1 mittelgroße Aubergine
12 Garnelen, geschält
100 g Erbsen (TK)
1 Zitrone
½ Bund Koriandergrün
3 Safranfäden
1 EL Butter

Salz, Pfeffer

Beschädigte und nicht ganz geschlossene Muscheln aussortieren. Die Muscheln gründlich waschen. Die Schalotten schälen und fein hacken.

Die Muscheln mit den Schalotten in 4 EL Olivenöl anschwitzen, mit Noilly Prat und Weißwein ablöschen und im geschlossenen Topf etwa 5 Minuten kochen, sodass sich die Muscheln öffnen.

Zucchini und Aubergine fein würfeln. Die Garnelen längs halbieren und in einer großen Pfanne in 1 EL heißem Olivenöl etwa 3 Minuten anbraten. Das Gemüse inklusive der Erbsen zu den Garnelen geben und kurz mitschwenken. Anschließend die Garnelen und das Gemüse zu den Muscheln geben.

Die Zitrone auspressen. Den Koriander hacken. Das Ragout mit Salz, Pfeffer, Zitronensaft, Safran, Koriander und Butter abschmecken und zugedeckt 2 Minuten ziehen lassen. Zu diesem Gericht passt am besten Weißbrot oder Baguette.

FISCHEINTOPF

Wie bei allen meinen Fischrezepten rate ich Ihnen auch hier, mutig zu sein. Wenn Sie eine bestimmte Sorte nicht bekommen, experimentieren Sie! Es muss auch nicht immer der teuerste »Edel«-Fisch sein. Forellen sind günstig und eine wunderbare Alternative. Und welchen Fisch auch immer Sie verwenden: Schneiden Sie die Filets nicht zu klein; sie werden sonst schnell trocken.

4 PERSONEN, 50 MINUTEN

200 g festkochende Kartoffeln
1 Fenchel
1 Zwiebel
2 Knoblauchzehen
3 mittelgroße Karotten
2 EL Olivenöl
150 g Tomaten
300 ml Gemüsebrühe
100 ml Weißwein
200 g Lachsfilet (küchenfertig)
200 g Wolfsbarschfilet (küchenfertig)
8 Garnelen, geschält
4 Stängel Estragon (zum Dekorieren)

Salz, Pfeffer

Den Backofen auf 180 °C vorheizen. Die Kartoffeln schälen, längs halbieren und in 0,5 cm dicke Scheiben schneiden. Von dem Fenchel den Strunk entfernen, das Fenchelgrün beiseitelegen und die Knolle längs in 1 cm dicke Spalten schneiden. Die Zwiebel schälen und grob würfeln. Den Knoblauch schälen und mit einem großen Messer leicht andrücken. Die Karotten schälen und schräg in Scheiben schneiden.

Alles in eine feuerfeste Form geben und mit dem Olivenöl mischen, dann salzen und pfeffern. Im vorgeheizten Backofen 15 Minuten rösten.

Die Tomaten in kochendem Wasser kurz blanchieren, häuten, die Kerne entfernen, das Fruchtfleisch würfeln und unter das Ofengemüse mischen. Die Gemüsebrühe und den Weißwein zufügen und alles weitere 20 Minuten im Ofen garen.

Die Fischfilets waschen, trocknen, in mundgerechte, nicht zu kleine Stücke schneiden. Mit den Garnelen auf das Gemüse legen, mit Salz und Pfeffer würzen und 5 Minuten im Ofen garen. Inzwischen das Fenchelgrün und den Estragon fein hacken.

Den Fisch auf dem Gemüse servieren, mit etwas gehacktem Fenchelgrün und Estragon dekorieren.

DORADE MIT ZITRONEN-PETERSILIEN-BUTTER

Gerade bei Doraden, aber auch bei anderen Fischen gilt: Ganze Fische sind preisgünstiger und schmecken besser als Filets. Nur Mut! Die Fischküche ist gar nicht so schwierig, wie Sie vielleicht denken. Wenn Sie einmal angefangen haben, hier ungewohnte Zubereitungsarten auszuprobieren, können Sie vermutlich gar nicht mehr aufhören. Und noch ein Tipp, um festzustellen, ob die Doraden gar sind: Wenn man die Rückenflosse ganz leicht herausziehen kann, ist der Fisch genau richtig. Das gilt übrigens auch für viele andere Fischsorten.

4 PERSONEN, 1 STUNDE

DORADE

2 ganze Doraden (à 700 g; küchenfertig)
1 Bio-Zitrone
6 Stängel glatte Petersilie
2 Stängel Estragon
4 dünne Scheiben frischer Ingwer
6 EL Olivenöl

ZITRONEN-PETERSILIEN-BUTTER

½ Bund glatte Petersilie
½ Zitrone
250 g Butter

PAPRIKASALSA

1 Grundrezept (s. S. 218)

Salz, Pfeffer

Den Backofen auf 160 °C vorheizen. Die Doraden waschen, trocknen und salzen. Die Zitrone in Scheiben schneiden und diese mit Petersilie, Estragon und Ingwer in die Bauchhöhlen der Fische geben.

Die Doraden auf Alufolie legen und mit dem Olivenöl beträufeln. Anschließend in die Folie einpacken und für 35 Minuten in den vorgeheizten Ofen geben.

Die Petersilie für die Zitronen-Petersilien-Butter fein hacken, die Zitrone auspressen. Wenn die Doraden fertig sind, die Butter in eine Pfanne geben und zum Aufschäumen bringen. Den ausgetretenen Saft der fertigen Doraden durch ein feines Sieb zu der schäumenden Butter geben. Die gehackte Petersilie hinzufügen und alles mit Salz, Pfeffer und Zitronensaft abschmecken.

Die Doraden mit der Zitronen-Petersilien-Butter beträufeln und mit der Paprikasalsa und frischem Brot servieren.

HEILBUTTKOTELETT MIT PFIFFERLINGEN UND ARTISCHOCKEN

Der Heilbutt ist der größte Plattfisch, den es in unseren Meeren gibt: Er kann bis zu 3 m lang und bis zu 400 kg schwer werden. Und er wird bis zu 50 Jahre alt! Dieser Rekordhalter ist, anders als sein Name vermuten lässt, ein enger Verwandter der Scholle. In Atlantik und Mittelmeer ist er inzwischen leider ziemlich selten geworden, aber sein pazifischer Verwandter ist bei uns ganz gut zu bekommen. Am besten bestellen Sie ihn beim Fischhändler vor und bitten diesen, die Koteletts küchenfertig vorzubereiten.

4 PERSONEN, 40 MINUTEN

4 Artischockenböden
2 Schalotten
200 g Pfifferlinge
5 EL Olivenöl
2 Zweige Rosmarin
2 Zweige Thymian
½ Bund glatte Petersilie
5 EL Tomatenfond (s. S. 219; oder Gemüsebrühe)
12 getrocknete Tomaten (s. S. 220; oder aus dem Glas, abgetropft)
100 g kalte Butter
1 Prise Cayennepfeffer
4 Heilbuttkoteletts (à 200 g; küchenfertig)
1 EL Zitronensaft

Salz, Pfeffer

Die Artischockenböden in kleine Keile schneiden. Die Schalotten schälen und fein hacken. Die Pfifferlinge von Sand und Schmutz befreien. Alles in einer großen Pfanne in 2 EL Olivenöl anbraten.

Die Blätter von Rosmarin, Thymian und Petersilie fein hacken. Die Artischocken und die Pfifferlinge mit dem Tomatenfond ablöschen. Getrocknete Tomaten, Rosmarin, Thymian, Petersilie und 50 g kalte Butter hinzufügen und alles kurz schwenken. Mit Salz, Pfeffer und Cayennepfeffer abschmecken.

Die Heilbuttkoteletts waschen, trocknen, leicht salzen und in einer großen Pfanne im restlichen Olivenöl (3 EL) etwa 8 Minuten anbraten. Den Fisch kurz aus der Pfanne nehmen, die restliche Butter (50 g) und den Zitronensaft in die Pfanne geben und den Fisch darin wenden. Zum Servieren die Heilbuttkoteletts auf dem Gemüse anrichten.

MARINIERTER KINGFISH MIT CONFIERTEN TOMATEN UND WASABICREME

Wasabi, die scharfe grüne Meerrettichpaste, kommt eigentlich nicht aus dem Mittelmeerraum, sondern aus Japan. Aber nachdem es sich bei diesem Gericht um eine Art mediterranes Sushi handelt, darf sie hier einfach nicht fehlen, ebenso wie die Sojasauce. Tatsächlich vollendet der feine, scharfe Meerrettichgeschmack den Genuss. Die Wasabicreme sollten Sie aber erst kurz vor dem Servieren zubereiten, denn einmal an der Luft, verliert Wasabi schnell seine Würzkraft. Das ist auch der Grund, warum die Paste in so kleinen Tuben verkauft wird.

4 PERSONEN, 40 MINUTEN
+ 1 STUNDE GARZEIT FÜR DIE CONFIERTEN TOMATEN

CONFIERTE TOMATEN
4 Ochsenherztomaten (à 150 g)
1 Knoblauchzehe
300 ml Olivenöl
2 Stängel Basilikum

WASABICREME
5 EL Joghurt
1 TL Sojasauce
1 TL Wasabi
½ Zitrone
2 Bio-Limetten

400 g Kingfishfilet (Königsmakrele)
5 EL Olivenöl

Salz, Pfeffer
Zucker

Den Backofen auf 50 °C vorheizen. Die Tomaten in Scheiben schneiden, dabei vom Stielansatz befreien. Die Knoblauchzehe schälen und fein hacken. Die Tomatenscheiben auf ein tiefes Backblech legen und mit dem Olivenöl übergießen. Anschließend den Knoblauch und die Basilikumstängel hinzufügen, alles mit Frischhaltefolie abdecken und für 1 Stunde in den Ofen geben.

Für die Wasabicreme Joghurt, Sojasauce und Wasabi glatt rühren. Die Zitrone auspressen, die Schale der beiden Limetten abreiben. Die Creme mit Salz, Zucker, Zitronensaft und der Hälfte des Limettenabriebs abschmecken.

Den Kingfish waschen, trocknen, in dünne Scheiben schneiden und mit restlichem Limettenabrieb, Salz, Pfeffer und Olivenöl marinieren. Mit den Tomaten auf Tellern anrichten und mit der Wasabicreme servieren.

KARTOFFEL-GARNELEN-PFANNE

Der Rucola entfaltet hier, im Zusammenspiel mit warmen Zutaten, seinen kräftigen Geschmack besonders gut. Viele glauben, es handele sich bei Rucola um eine neue Mode aus dem Mittelmeerraum. Dabei ist die Rauke, wie sie auf Deutsch heißt, eine sehr alte Salatpflanze. Schon die Germanen kannten sie – und die Römer sind erst nördlich der Alpen auf den Geschmack gekommen. Irgendwann ist der Rucola dann in Vergessenheit geraten und hat erst mit der mediterranen Küche den Weg zurück in den Norden angetreten. Wenn Sie das Gericht noch ein wenig verfeinern wollen, bestreuen Sie es zum Schluss mit leicht angerösteten Pinienkernen. Der feine Nussgeschmack passt sehr gut dazu.

4 PERSONEN, 45 MINUTEN

600 g kleine festkochende Kartoffeln
4 Schalotten
20 Kirschtomaten
2 EL Olivenöl
12 Garnelen, geschält
1 EL Butter
1 Prise Cayennepfeffer
2 Bund Rucola

Salz, Pfeffer

Die Kartoffeln schälen und halbieren, dann in Salzwasser in 20 Minuten weich kochen und noch heiß in Scheiben schneiden. Die Schalotten schälen und in feine Würfel schneiden. Die Kirschtomaten halbieren.

Das Olivenöl in einer großen Pfanne erhitzen und die Kartoffelscheiben darin goldbraun braten. Die Garnelen dazugeben und 2 Minuten mitbraten. Dann die Butter und die Schalotten in die Pfanne geben und ebenfalls kurz mitbraten. Zuletzt die Kirschtomaten dazugeben und alles mit Cayennepfeffer, Salz und Pfeffer abschmecken.

Den Rucola unter die Kartoffel-Garnelen-Pfanne heben und diese sofort servieren.

ZANDER MIT LIMETTEN-MAYONNAISE UND TABOULÉ

Taboulé ist ein erfrischender Sommerbegleiter für viele gebratene und gegrillte Fleisch- und Fischgerichte. Es eignet sich auch gut fürs Büfett und zum Mitbringen auf einer Sommerparty. Durch die reichlich darin verteilte Minze und den Zitronensaft wird das Gefühl von Frische noch verstärkt. Mit den übrigen Zutaten können Sie kreativ umgehen: Auch fein gewürfelte Paprikaschoten und Gurken sind gut geeignet für ein Taboulé. Wenn Sie keinen Bulgur bekommen können, geht es auch mit Couscous. Und wenn Sie es gern etwas orientalischer hätten, dann schmecken Sie das Taboulé doch einmal mit Ras el-Hanout oder Dukka ab!

4 PERSONEN, 40 MINUTEN

TABOULÉ

100 g Bulgur
300 ml Gemüsebrühe
2 EL Pinienkerne
70 g getrocknete Tomaten (s. S. 220; oder aus dem Glas, abgetropft)
5 EL Olivenöl
je 1 Bund Petersilie und Minze
½ Orange
1 Zitrone

LIMETTEN-MAYONNAISE

1 Bio-Limette
2 Eigelb
1 EL Gemüsebrühe
100 ml Rapsöl

4 Zanderfilets mit Haut (à 80 g; küchenfertig)
3 EL Rapsöl (zum Braten)

Salz, Pfeffer
Zucker

Für das Taboulé den Bulgur in einen Topf geben, mit der sehr heißen Gemüsebrühe übergießen und zugedeckt etwa 20 Minuten ziehen lassen. Inzwischen die Pinienkerne in einer Pfanne ohne Fett leicht anrösten. Die getrockneten Tomaten fein hacken.

Wenn der Bulgur gar ist, getrocknete Tomaten, Pinienkerne und Olivenöl hinzugeben. Petersilie und Minze fein hacken, die Orange und die Zitrone auspressen. Das Taboulé mit Kräutern, Salz, Pfeffer, Orangen- und Zitronensaft abschmecken.

Für die Limetten-Mayonnaise die Schale der Limette abreiben und den Saft auspressen. Die Eigelbe und die Gemüsebrühe in einen hohen Rührbecher geben und das Rapsöl mit einem Stabmixer langsam einmixen. Die Mayonnaise zum Schluss mit Salz, Zucker, Limettensaft und -abrieb abschmecken.

Die Zanderfilets waschen, trocknen, auf der Hautseite in einer Pfanne im Rapsöl etwa 4 Minuten braten und erst wenden, wenn sie an den Seiten schon goldbraun sind. Dann von der anderen Seite 1–2 Minuten fertig braten. Die gebratenen Filets auf dem Taboulé servieren, die Limetten-Mayonnaise dazu reichen.

LAUWARMER SAIBLING MIT SPARGEL UND POCHIERTEM EI

Der Saibling ist genau wie die Forelle ein kleinerer Verwandter des Lachses. Er braucht extrem frisches, sauberes Wasser, deshalb ist die Zucht schwierig. Das hat aber Vorteile für Sie als Verbraucher: Wenn Sie Saibling kaufen, können Sie sich darauf verlassen, dass Sie einen »sauberen« Fisch bekommen. Hier kommt er ganz frühlingsfrisch auf den Tisch: mit grünem Spargel und feinem Spinat.

12 Stangen grüner Spargel
2 EL Apfelessig
4 Eier (sehr frisch)
2 Schalotten
30 g Butter
500 g frischer Spinat
4 Saiblingsfilets (à 120 g, küchenfertig)
2 EL Öl (zum Garen des Fischs)

Salz, Pfeffer
Zucker

4 PERSONEN, 40 MINUTEN

Den Backofen auf 60 °C vorheizen. Den Spargel schälen, die Enden abschneiden und die Stangen in kochendem Salzwasser mit 1 Prise Zucker in etwa 5 Minuten bissfest blanchieren.

In einem Topf reichlich Wasser mit dem Apfelessig einmal aufkochen und vom Herd nehmen, die Eier nacheinander und vorsichtig in das Essigwasser schlagen und jeweils 3½ Minuten ziehen lassen.

Die Schalotten schälen und in feine Würfel schneiden. In einer Pfanne in der zerlassenen Butter anschwitzen, den gewaschenen Spinat hinzufügen und alles mit Salz und Pfeffer abschmecken.

Die Saiblingsfilets waschen, trocknen, auf einen eingeölten Teller legen und mit ofenfester Frischhaltefolie abdecken. Den Teller für etwa 10 Minuten in den Ofen geben.

Die warmen Saiblingsfilets mit dem Spargel und den pochierten Eiern anrichten und mit dem Spinat servieren.

GARNELEN-ZIEGENKÄSE-PFANNE MIT AIOLI

Ziegenkäse – man liebt ihn oder man hasst ihn. In den letzten Jahren ist er sehr in Mode gekommen, und für die meisten Genießer ist das eine große Freude. Aber es gibt auch Leute, denen er einfach nicht schmeckt. Für sie ist ein Essen mit Ziegenkäse kein ungetrübtes Vergnügen. Wenn Sie selbst keinen Ziegenkäse mögen oder wenn Sie bei Ihren Gästen nicht sicher sind: Suchen Sie sich für dieses Gericht eine milde Alternative. Schafskäse oder Feta aus Kuhmilch sind dafür gut geeignet.

4 PERSONEN, 25 MINUTEN

AIOLI
1 Zitrone
2 Knoblauchzehen
2 Eigelb
2 EL Gemüsebrühe
80 ml Olivenöl
5 EL Rapsöl

GARNELEN
2 Tomaten
½ Bund glatte Petersilie
2 EL Pinienkerne
12 Garnelen, geschält
3 EL Olivenöl
200 g Ziegenfrischkäse

1 Fladenbrot (s. S. 220)

Salz, Pfeffer
Zucker

Für die Aioli die Zitrone auspressen, den Knoblauch schälen. Die Eigelbe mit der Gemüsebrühe, dem Zitronensaft und einer Knoblauchzehe in einen hohen Rührbecher geben. Mit dem Stabmixer pürieren und langsam nach und nach Olivenöl und Rapsöl zufügen, bis eine cremige Paste entsteht. Diese mit Salz, Pfeffer und Zucker abschmecken.

Den Backofen auf 200 °C vorheizen. Die Tomaten in kochendem Wasser kurz blanchieren, häuten, entkernen und fein würfeln. Petersilie und Pinienkerne fein hacken.

Die Garnelen mit Salz und Pfeffer würzen und in einer ofenfesten Pfanne im Olivenöl etwa 2 Minute anbraten. Tomatenwürfel, Petersilie und Pinienkerne dazugeben. Die zweite Knoblauchzehe durch die Presse drücken und alles ein wenig vermengen.

Den Ziegenfrischkäse über die Garnelen bröckeln und alles in der Pfanne für 4 Minuten in den Ofen geben. Mit Fladenbrot servieren.

PULPO MIT AUBERGINEN-GRANATAPFEL-SALAT

Der Pulpo (Oktopus) gehört zur Familie der Tintenfische. Pulpo schmeckt wunderbar, auch kalt und fein aufgeschnitten im Salat entfaltet er viel Charme. Aber er braucht eine lange Kochzeit, um zart zu werden. Wenn Sie ein Rezept mit Pulpo zubereiten wollen, müssen Sie also ausreichend Vorbereitungszeit einkalkulieren. Das Kochen können Sie aber gut am Vortag erledigen.

4 PERSONEN, 45 MINUTEN
+ 2 STUNDEN KOCHZEIT FÜR DEN PULPO

PULPO
1 Bund Suppengrün
1 Knoblauchzehe
1 TL Fenchelsamen
½ TL getrockneter Rosmarin
½ TL getrockneter Thymian
1 Pulpo (500 g; küchenfertig)
1 Zitrone
100 g Butter

SALAT
4 Auberginen
1 Knoblauchzehe
1 Zweig Rosmarin
1 Zweig Thymian
50 ml Olivenöl
2 EL weißer Balsamico-Essig
150 g Granatapfelkerne
(von 1 Granatapfel)

getrocknete Tomaten
(s. S. 220; oder aus dem Glas, abgetropft)
Salz, Pfeffer
Zucker

Für den Pulpo das Suppengrün grob schneiden, in einen Topf mit 5 l Salzwasser geben und dieses zum Kochen bringen. Den Knoblauch schälen und halbieren. Sobald das Wasser kocht, Fenchelsamen, Rosmarin, Thymian und Knoblauch dazugeben. Anschließend den Pulpo in den kochenden Sud legen und darin 2 Stunden ziehen lassen.

Die Zitrone auspressen. Den fertigen Pulpo aus dem Sud nehmen und abkühlen lassen. Die Arme abschneiden und waschen. Diese dann in einer großen Pfanne in der schäumenden Butter braten und mit Salz, Pfeffer und Zitronensaft würzen.

Den Backofen auf 160 °C vorheizen. Die Auberginen der Länge nach halbieren, auf der Fleischseite in Rautenform einritzen und mit der Schnittseite nach unten auf ein Backblech legen. Die Knoblauchzehe schälen und fein hacken. Rosmarin, Thymian und Knoblauch mit auf dem Blech verteilen, alles mit dem Olivenöl beträufeln und 30 Minuten im Ofen schmoren.

Wenn die Auberginen gar sind, mit einem Löffel das Fruchtfleisch herauskratzen, grob hacken und mit dem Balsamico-Essig mischen. Die Granatapfelkerne dazugeben und alles mit Salz, Pfeffer und Zucker abschmecken. Den Pulpo auf dem Salat anrichten und mit getrockneten Tomaten und Weißbrot servieren.

GEFLÜGEL & FLEISCH

LAMMKARREE MIT OFENGEMÜSE

Dieses Gericht können Sie weitgehend vorbereiten, sodass Sie nur noch das Lammkarree braten müssen. Es eignet sich also auch sehr gut für die Bewirtung von Gästen. Servieren Sie Tsatsiki (siehe Grundrezepte Seite 218) dazu oder auch den Minz-Dill-Joghurt von Seite 173. Oder lassen Sie doch einfach Ihren Gästen die Wahl …

4 PERSONEN, 75 MINUTEN

OFENGEMÜSE

4 Karotten
4 Kartoffeln
4 Pastinaken
2 rote Zwiebeln
1 Knoblauchzehe
2 Zweige Thymian
2 Zweige Rosmarin
5 EL Olivenöl
8 Kirschtomaten

LAMMKARREE

4 Stück Lammkarree (à 250 g; küchenfertig)
4 EL Olivenöl

Salz, Pfeffer

Den Backofen auf 170 °C vorheizen. Karotten, Kartoffeln, Pastinaken und rote Zwiebeln schälen, in grobe Spalten schneiden und auf ein Backblech geben. Den Knoblauch schälen und in feine Scheiben schneiden. Die Blätter von Thymian und Rosmarin von den Zweigen streifen, zusammen mit dem Knoblauch hinzufügen und alles mit dem Olivenöl beträufeln. Salzen, pfeffern und dann für 30 Minuten in den Ofen geben.

In der Zwischenzeit die Tomaten halbieren, nach den 30 Minuten zum übrigen Gemüse geben. Anschließend das Gemüse weitere 15 Minuten schmoren.

Kurz vor Ende der Garzeit das Lammkarree salzen und in einer Pfanne im Olivenöl scharf von allen Seiten anbraten. Dann noch für etwa 8 Minuten in den Ofen zum Gemüse geben und vor dem Servieren ruhen lassen.

KALBSRÜCKEN MIT KRÄUTERPOLENTA UND SALBEIBUTTER

Dieses Gericht können Sie sehr gut vorbereiten, Sie müssen dann nur noch den Kalbsrücken braten. So stehen Sie an einem Abend mit Gästen nicht die ganze Zeit in der Küche. Die Polenta ist eine feine Beilage zu dem kräftig gebratenen Kalbsrücken. Sie wird aus Maisgrieß hergestellt und stammt aus Norditalien. Aber auch auf dem gesamten Balkan ist Polenta als Beilage zu Fleischgerichten – oder als Hauptgericht – ein fester Bestandteil der traditionellen Küche. Wenn sie in Milch gegart wird, schmeckt sie besonders cremig.

4 PERSONEN, 45 MINUTEN

1 Knoblauchzehe
300 ml Milch
300 ml Gemüsebrühe
330 g Butter
1 Lorbeerblatt
100 g Polenta
½ Bund glatte Petersilie
1 Zitrone
2 EL Olivenöl
1 TL Thymianblätter
2 EL geriebener Parmesan
4 Stücke Kalbsrücken
(à 180 g; küchenfertig)
1 Bund Salbei

Salz, Pfeffer

Den Knoblauch schälen und halbieren. Die Milch in einem Topf mit Gemüsebrühe, 50 g Butter, Knoblauch und Lorbeerblatt aufkochen. Die Polenta einrühren und unter ständigem Rühren bei mittlerer Hitze 2 Minuten kochen. Bei niedriger Hitze unter gelegentlichem Rühren 20 Minuten quellen lassen. Knoblauch und Lorbeerblatt entfernen.

Die Petersilie fein hacken, die Schale der Zitrone abreiben. Dann Olivenöl, Thymian, Petersilie und geriebenen Parmesan unter die Polenta rühren. Mit Salz, Zitronenabrieb und Pfeffer würzen.

Den Backofen auf 140 °C vorheizen. Den Kalbsrücken salzen und in einer großen Pfanne in 2 EL Butter von beiden Seiten etwa 3 Minuten anbraten. Dann für 5 Minuten in den Backofen geben und ruhen lassen.

Den Salbei hacken. Die restliche Butter (250 g) in einer Pfanne leicht bräunen und den Salbei hinzufügen. Mit Salz und Pfeffer abschmecken. Den Kalbsrücken mit der Kräuterpolenta anrichten und mit der gebräunten Salbeibutter beträufeln.

GESCHMORTE LAMMKEULE MIT KARTOFFELN UND SALBEIBUTTER

Sie hätten gerne eine Sauce zu diesem deftigen Gericht? Dann seihen Sie einfach den Sud durch ein Sieb, lassen Sie ihn etwas einkochen und rühren Sie noch etwas Butter mit dem Stabmixer hinein: Schon haben Sie Ihre Sauce. Das Gemüse ist nach der langen Schmorzeit nicht mehr sehr geschmackreich; werfen Sie es am besten weg. Wenn Sie außer den Kartoffeln noch eine Gemüsebeilage haben möchten, wären kurz und knackig gekochte Buschbohnen eine gute Ergänzung.

4 PERSONEN, 50 MINUTEN
+ 3 STUNDEN SCHMORZEIT

3 junge Knoblauchknollen
1 Bio-Zitrone
200 g Karotten
200 g Knollensellerie
2 Zwiebeln
1 Lammkeule
(ca. 2 kg, küchenfertig)
100 ml Olivenöl
4 Zweige Rosmarin
400 ml Gemüsebrühe
200 ml Rotwein
800 g Kartoffeln
250 g weiche Butter
1 Bund Salbei

Salz, Pfeffer

Den Knoblauch schälen. Knoblauch und Zitrone in Scheiben schneiden. Karotten, Sellerie und Zwiebeln schälen und in grobe Stücke schneiden. Den Backofen auf 160 °C vorheizen.

Die Lammkeule salzen und mit 3 EL Olivenöl einreiben. Dann in einem Bräter von allen Seiten anbraten und Knoblauch- und Zitronenscheiben, Karotten, Sellerie, Zwiebeln und Rosmarin dazugeben, kurz mitbraten und alles mit Gemüsebrühe und Rotwein ablöschen. Die Keule 3 Stunden im geschlossenen Bräter im Backofen schmoren, dabei alle halbe Stunde wenden.

In der Zwischenzeit die Kartoffeln schälen und in grobe Stücke schneiden. Diese auf ein Backblech geben, salzen, mit dem restlichen Olivenöl (55 ml) beträufeln und 35 Minuten im Backofen rösten.

Die Butter mit einem Handrührgerät aufschlagen, den Salbei hacken und hinzufügen und alles mit Salz und Pfeffer abschmecken. Die Salbeibutter getrennt zum Fleisch servieren.

ENTENBRUST AUF LINSEN-RADICCHIO-RAGOUT

Zur Entenbrust und zu dem leicht bitteren Linsen-Radicchio-Ragout passt Preiselbeerkonfitüre ganz ausgezeichnet. Die Beeren stammen zwar meistens aus Nordeuropa, wo sie immer noch wild wachsen und von Hand gepflückt werden, aber ihr würzig-süßer Geschmack ist einfach die perfekte Ergänzung zu diesem Gericht. Welche Linsen Sie nehmen, ist ganz Ihrem Geschmack, Ihrer Fantasie und Ihren Einkaufsmöglichkeiten überlassen. Die grünen Puy-Linsen aus Frankreich, die schwarzen Beluga-Linsen, braune Pardina-Linsen, Berglinsen oder kleine Alblinsen sind auch ohne vorheriges Wässern schnell weich gekocht. Sie behalten auch mehr Biss und sehen besonders schön auf dem Teller aus. Alle Linsenarten werden übrigens ohne Salz gekocht und erst gesalzen, wenn sie gar sind. Salz im Kochwasser verlängert die Kochzeit erheblich.

4 PERSONEN, 40 MINUTEN

70 g Linsen
30 g Butter
1 EL Zucker
3 EL Himbeeressig
100 ml Portwein
4 EL Gemüsebrühe
5 EL Geflügeljus (s. S. 219)
1 Radicchio
2 EL Schnittlauchröllchen
4 Entenbrustfilets (à 200 g)

Salz, Pfeffer

Die Linsen in reichlich Wasser ohne Salz nach Packungsangabe weich kochen und abgießen.

Für das Ragout in einem Topf Butter und Zucker unter Rühren leicht karamellisieren. Mit dem Himbeeressig ablöschen und auf die Hälfte reduzieren. Portwein und Gemüsebrühe dazugeben und alles wieder auf die Hälfte einkochen. Den Geflügeljus dazugeben. Den Radicchio grob zerzupfen, unterheben und 10 Minuten garen. Zum Schluss die gekochten Linsen dazugeben und alles mit Schnittlauch, Salz und Pfeffer abschmecken.

Den Backofen auf 160 °C vorheizen. Die Entenbrustfilets salzen und in einer großen Pfanne ohne Fett zuerst von der Hautseite scharf anbraten. Dann wenden, nur ganz kurz anbraten und für 6 Minuten auf einem Backblech in den Backofen geben.

Zum Servieren die Entenbrustfilets halbieren und mit dem Linsen-Radicchio-Ragout anrichten.

GEGRILLTES LAMMFILET MIT TOMATEN UND AUBERGINENPÜREE

Lammfilet ist ein sehr zartes Fleisch. Es braucht keine lange Garzeit. Sie sollten es wirklich nur kurz »durch die Pfanne ziehen« und dann ein paar Minuten im Backofen ruhen lassen. So bleibt es rosig und zart und wird nicht trocken. Wie alle sehr feinen kurz gebratenen Fleischteile braucht auch das Lammfilet nur wenig Würzung. Es entfaltet mit ein bisschen Salz und Pfeffer seinen ganzen Eigengeschmack.

4 Auberginen
3 Schalotten
1 Knoblauchzehe
1 TL getrockneter Thymian
3 Salbeiblätter
je 1 Stück Bio-Orangen- und Bio-Zitronenschale
80 ml Olivenöl
4 Lammfilets (à 160 g)
12 getrocknete Tomaten (s. S. 220; oder aus dem Glas, abgetropft)
1 Zitrone

Salz, Pfeffer

4 PERSONEN, 40 MINUTEN

Den Backofen auf 160 °C vorheizen. Die Auberginen längs halbieren, die Schnittfläche mehrfach einritzen. Schalotten und Knoblauch schälen. Anschließend die Auberginen zusammen mit Schalotten, Knoblauch, Thymian, Salbei, Orangen- sowie Zitronenschale, 50 ml Olivenöl und ½ TL Salz im Ofen 20 Minuten schmoren.

Die Lammfilets salzen, pfeffern, in 30 ml Olivenöl von beiden Seiten ganz kurz anbraten und für 4 Minuten in den Ofen geben.

Die Auberginen aus dem Ofen nehmen, das Fruchtfleisch mit einem Löffel herauskratzen und mitsamt Schalotten, Thymian, Salbei und Knoblauch mit einem Stabmixer ganz fein pürieren.

Die getrockneten Tomaten in feine Würfel schneiden, die Zitrone auspressen. Die Tomatenwürfel zum Auberginenpüree geben und dieses mit Salz, Pfeffer und Zitronensaft abschmecken. Die Lammfilets zum Auberginenpüree servieren.

GESCHMORTES GEWÜRZHUHN

Da in dem Gericht bereits Kartoffeln enthalten sind, ist es eigentlich komplett. Ein wenig Weißbrot zum Auftunken der köstlichen Flüssigkeit ist aber sicher trotzdem willkommen. Baharat ist eine Gewürzmischung, die ursprünglich aus Persien stammt. Sie enthält Paprika, Kreuzkümmel, Pfeffer, Schwarzkümmel, Piment, Gewürznelke, Koriander, Muskat, Zimt, ein wenig Knoblauch und Kardamom. Sie gibt Schmorgerichten mit Fleisch und Geflügel eine wunderbar »warme« Geschmacksnote und eignet sich auch hervorragend, um einen Dip daraus herzustellen. Dazu geben Sie einfach 2 TL der Gewürzmischung und 2 Prisen Salz in 200 g Crème fraîche, lassen das Ganze ein wenig ziehen und servieren es zum Aperitif mit etwas Weißbrot.

4 PERSONEN, 1 STUNDE

1 Hähnchen (600–800 g; ausgelöst in Brust und Keulen)
3 EL Rapsöl (zum Braten)
1 Bio-Zitrone
12 kleine Kartoffeln
4 Schalotten
8 Kirschtomaten
1 TL Tomatenmark
½ TL Dukka
½ TL Anapurna-Currypulver
½ TL Ras el-Hanout
½ TL Baharat
2 Lorbeerblätter
½ Zimtstange
500 ml Gemüsebrühe
½ Bund Koriandergrün
½ Bund Minze

Salz, Pfeffer

Den Backofen auf 200 °C vorheizen. Die Hähnchenteile mit Salz und Pfeffer einreiben und in einer ofenfesten Pfanne oder einem Bräter im Rapsöl scharf anbraten.

Die Zitrone in Scheiben schneiden und zum Hähnchen geben. Die Kartoffeln schälen und halbieren. Die Schalotten schälen und fein hacken. Die Kirschtomaten halbieren.

Kartoffeln, Tomatenmark, Schalotten und Gewürze zum Hähnchen geben und 2–3 Minuten mitbraten. Die Kirschtomaten hinzufügen. Alles mit der heißen Gemüsebrühe ablöschen und für 45 Minuten in den Backofen schieben.

Koriander- und Minzblätter grob hacken und zum Schmorgericht reichen.

APRIKOSEN-COUSCOUS MIT LAMMSPIESS UND TOMATEN

Sie können auch noch andere Früchte in den Couscous geben: Granatapfelkerne, Feigen oder Datteln. Die Süße der Früchte harmoniert wunderbar mit den orientalischen Gewürzen. Übrigens schmeckt dieser Couscous auch lauwarm oder als Salat – Sie können also etwas mehr zubereiten und die zweite Portion am nächsten Tag servieren, beispielsweise mit gebratenem Hähnchenfleisch oder Kalbsschnitzeln. Eine fein mit Zitronensaft und etwas Cayennepfeffer abgeschmeckte Joghurtsauce rundet dieses »Resteessen« wunderbar ab.

4 PERSONEN, 40 MINUTEN

600 g Lammfilets
16 getrocknete Tomaten (s. S. 220; oder aus dem Glas, abgetropft)
4 Frühlingszwiebeln
12 Kirschtomaten
2 Schalotten
3 Zweige Thymian
100 g Butter
125 ml Weißwein
300 ml Geflügelbrühe
½ TL Ras el-Hanout
½ TL Anapurna-Currypulver
250 g Couscous
1 Bund Basilikum
1 Bund glatte Petersilie
100 g getrocknete Aprikosen
100 ml Olivenöl

Salz, Pfeffer

Die Lammfilets in mundgerechte Stücke schneiden. Abwechselnd mit den getrockneten Tomaten auf Schaschlikspieße schieben und beiseitestellen.

Den weißen Teil der Frühlingszwiebeln in feine Ringe schneiden. Die Kirschtomaten vierteln und die Stielansätze entfernen. Die Schalotten schälen und fein würfeln.

Die Thymianblättchen von den Stielen streifen. Die Butter in einem Topf erhitzen, Frühlingszwiebeln, Schalotten, Tomaten und Thymianblättchen dazugeben und anschwitzen. Weißwein, Geflügelbrühe und Gewürze dazugeben und alles einmal aufkochen. Den Couscous in den Topf rühren, diesen vom Herd nehmen und alles zugedeckt 10 Minuten ziehen lassen.

Inzwischen Basilikum und Petersilie ohne grobe Stängel klein schneiden. Die Aprikosen grob hacken und zum Couscous geben. Die Kräuter und 55 ml Olivenöl unter den Couscous mischen.

Das restliche Olivenöl (3 EL) in einer Pfanne erhitzen, die Lammspieße darin von jeder Seite in etwa 3 Minuten rosa anbraten und mit Salz und Pfeffer würzen. Zum Couscous servieren.

ZITRONENHUHN MIT VADOUVAN-SCHALOTTEN

Tipp: Vadouvan ist in Deutschland noch schwer zu bekommen, aber im Internet werden Sie sicher fündig. Es lohnt sich: Die Gewürzmischung Vadouvan besteht aus Salz, Sesam- und Walnussöl, Curryblättern, Zwiebeln, Kreuzkümmel, Kurkuma, Knoblauch, Bockshornkleesaat, gemahlenen Linsen und Senfkörnern. In Indien wird es hauptsächlich zum Aromatisieren von Reis verwendet; in der internationalen Küche ist ein Hauch Vadouvan beliebt zu gebratenem Fisch, Fleisch und Geflügel. Das leicht rauchige Aroma ist ein echter Genuss und verbindet sich hier ideal mit der Süße der geschmorten Schalotten.

4 PERSONEN, 1 STUNDE

ZITRONENHUHN
1 Hähnchen
(800 g), ausgelöst
in Brust und Keule
8 EL Olivenöl (zum Braten)
2 Bio-Zitronen
12 kleine Kartoffeln
4 Schalotten
4 kleine Tomaten
1 EL Tomatenmark
500 ml Geflügelbrühe

VADOUVAN-SCHALOTTEN
15 Schalotten
1 TL Vadouvan
200 ml Tomatenfond
(s. S. 219; oder
Gemüsebrühe)
50 g Butter

1 EL gehackte Petersilie
Salz, Pfeffer

Den Backofen auf 180 °C vorheizen. Das Hähnchenfleisch in mundgerechte Stücke schneiden, mit Salz und Pfeffer würzen und anschließend auf der Hautseite in 3 EL Olivenöl scharf anbraten. Die Zitronen in Scheiben schneiden und zum Hähnchen geben. Die Kartoffeln und die Schalotten schälen und halbieren, zum Hähnchen geben und kurz mitanschwitzen. Die Tomaten in kochendem Wasser kurz blanchieren, häuten, halbieren, von den Stielansätzen befreien und mit zum Hähnchen geben.

Das Tomatenmark hinzufügen, anschließend alles mit der Geflügelbrühe ablöschen und für 20 Minuten in den Backofen schieben. Das Hähnchen zum Schluss nochmals mit Salz und Pfeffer abschmecken.

Für die Vadouvan-Schalotten die Schalotten schälen und vierteln. In 5 EL Olivenöl anschwitzen und mit Vadouvan bestreuen. Mit dem Tomatenfond auffüllen und 15 Minuten leicht köcheln lassen. Die Butter hinzufügen und alles mit Salz, Pfeffer und eventuell noch etwas Vadouvan abschmecken. Die Schalotten zum Fleisch servieren und alles mit Petersilie bestreuen.

LAMMKOTELETTS MIT BLUMENKOHL-COUSCOUS UND GRANATAPFELCREME

Der Blumenkohl in Couscousform ist eine köstliche Überraschung für alle Gemüsefreunde. So bekommt die alte Kombination »Lamm und Kohl«, die in ganz Europa vor allem im Winter viele Freunde hat, noch einmal eine ganz neue Wendung. Aber Sie müssen nicht beim Lammfleisch bleiben. Wenn Sie Lust auf Fisch haben, ersetzen Sie das Lammfleisch einmal durch gebratenen Wolfsbarsch: Auch diese Kombination ist ein geschmacklich sanfterer und darüber hinaus auch noch gesunder Genuss.

4 PERSONEN, 40 MINUTEN

BLUMENKOHL-COUSCOUS & LAMMKOTELETTS

1 Blumenkohl
30 g Butter
1 TL Ras el-Hanout
1 TL Dukka
1 Prise Cayennepfeffer
2 EL Pankomehl
2 EL gehackte Pistazien
4 Lammkoteletts
(à 140 g; küchenfertig)
2 EL Rapsöl (zum Braten)

GRANATAPFELCREME

1 Bio-Zitrone
150 g Mayonnaise
100 g Crème fraîche
50 ml Granatapfelsirup
100 g Granatapfelkerne
(von 1 kleinen Granatapfel)
1 Prise Sumach

Salz, Pfeffer, Zucker

Für den Blumenkohl-Couscous den Blumenkohl in kleine Stücke schneiden und im Mixer zerkleinern, bis er aussieht wie Couscous. Dann den Blumenkohl in der Butter leicht anbraten und mit den Gewürzen abschmecken. In eine Schüssel geben und mit dem Pankomehl und den gehackten Pistazien vermengen.

Den Backofen auf 160 °C vorheizen. Die Lammkoteletts in einer großen Pfanne im Öl von beiden Seiten scharf anbraten und anschließend für 5 Minuten in den Ofen geben.

Für die Granatapfelcreme die Schale der Zitrone abreiben. Mayonnaise, Crème fraîche und Granatapfelsirup verrühren. Granatapfelkerne und Sumach dazugeben und alles mit Salz, Zucker, Zitronenabrieb und Pfeffer abschmecken. Die fertige Granatapfelcreme zu den Lammkoteletts und dem Blumenkohl-Couscous servieren.

KALBSFILET MIT OLIVEN-KARTOFFEL-PÜREE UND GRANATAPFELJOGHURT

Der Granatapfeljoghurt verleiht diesem Rezept einen leicht nordafrikanischen Hauch. Wenn Sie den noch verstärken wollen, können Sie das Oliven-Kartoffel-Püree mit je 1 Prise Ras el-Hanout und Dukka abschmecken. Selbst gemachtes Kartoffelpüree ist ohnehin eine unglaubliche Verführung, sowohl beim Kochen als auch beim Essen. Es ist sehr variabel, eignet sich als Beilage zu sehr vielen Fleisch- und Fischgerichten und schmeckt einfach unvergleichlich gut: Ein echtes Trostessen und für viele eine Erinnerung an die Kindheit. Dabei ist es so leicht und schnell zubereitet, dass man sich wirklich fragt, weshalb Kartoffelbrei aus der Tüte einen derartigen Siegeszug antreten konnte.

4 PERSONEN, 50 MINUTEN

800 g Kartoffeln
6 EL Oliven (ohne Stein)
150 g Butter
100 g Schlagsahne
1 Zitrone
250 g Joghurt
1 TL gehackte Minzblätter
250 g Granatapfelkerne (von 2 Granatäpfeln)
2 Kalbsfilets (à 500 g; küchenfertig)
3 EL Rapsöl (zum Braten)
4 getrocknete Tomaten (s. S. 220; oder aus dem Glas, abgetropft)
3 EL Olivenöl

Salz, Pfeffer

Die Kartoffeln schälen, halbieren, in Salzwasser in 20 Minuten weich kochen und sofort durch eine Kartoffelpresse geben. 4 EL Oliven hacken. Butter, Sahne und gehackte Oliven zu den Kartoffeln geben und alles mit Salz und Pfeffer abschmecken.

Die Zitrone auspressen. Den Joghurt mit der Minze und den Granatapfelkernen verrühren und mit Salz, Pfeffer und Zitronensaft abschmecken. Den Backofen auf 160 °C vorheizen.

Die Kalbsfilets salzen, in einer großen Pfanne im Rapsöl von jeder Seite 3 Minuten anbraten und für 10 Minuten zum Ruhen in den Ofen geben.

Getrocknete Tomaten und restliche Oliven (2 EL) in kleine Stücke schneiden und in einer kleinen Pfanne im Olivenöl nur kurz anschmoren. Die Mischung zu Fleisch und Kartoffelpüree servieren, den Joghurt getrennt dazu reichen.

LAMMEINTOPF MIT KICHERERBSEN

Wenn das Lammfleisch weich ist, sollten Sie den Eintopf nur noch vorsichtig umrühren, damit das Fleisch nicht zerfällt. Das langwierige Weichkochen der Kichererbsen können Sie schon vorab erledigen. Wenn Sie sie über Nacht einweichen, brauchen sie nur noch etwa 45 Minuten Kochzeit. Übrigens hat der Name »Kichererbsen« nichts mit dem deutschen Wort »Kichern« zu tun: Tatsächlich hießen diese beliebten Hülsenfrüchte im Alten Rom cicer (ausgesprochen »kiker«), und daraus hat sich der deutsche Name entwickelt.

4 PERSONEN, 40 MINUTEN
+ 1 STUNDE KOCHZEIT

600 g Lammschulter (ohne Knochen)
3 Zwiebeln (klein)
2 Knoblauchzehen
1 Chilischote
4 getrocknete Datteln (ohne Stein)
4 EL Olivenöl
2 TL Tomatenmark
200 g geschälte Tomaten (aus der Dose)
700 ml Fleischbrühe
½ Zimtstange
400 g Kichererbsen, gekocht
3 Stängel Minze
½ TL Dukka
½ TL Ras el-Hanout

Salz, Pfeffer

Das Lammfleisch in große Würfel schneiden. Die Zwiebeln schälen und würfeln, den Knoblauch schälen und in dünne Scheiben schneiden. Die Chilischote längs halbieren, je nach Schärfe entkernen und fein hacken. Die Datteln fein würfeln.

Das Olivenöl in einem Topf erhitzen und das Fleisch darin bei starker Hitze anbraten. Mit Salz und Pfeffer würzen. Zwiebeln, Knoblauch und Chili hinzugeben und kurz mitanschwitzen. Das Tomatenmark hinzugeben und unter Rühren kurz mitbraten. Die Dosentomaten und die Fleischbrühe zufügen. Die Datteln und die Zimtstange hinzugeben und alles zugedeckt 1 Stunde leicht köcheln lassen.

Etwa 10 Minuten vor Ende der Garzeit die vorgekochten Kichererbsen in den Eintopf geben.

Vor dem Servieren die Minzblätter grob hacken und ebenfalls in den Eintopf geben, die Zimtstange entfernen. Das Gericht mit Salz, Dukka, Ras el-Hanout und Pfeffer abschmecken.

KALBSRÜCKEN MIT ARTISCHOCKEN UND PINIENKERNCREME

Wenn möglich, versuchen Sie kleine Artischocken zu verwenden, da diese aromatischer sind. Artischocken sind eigentlich Distelknospen – wenn man sie nicht erntet, sondern stehen lässt, entwickeln sich wunderschöne lilafarbene Blüten. Aber sie sind so köstlich, dass man es dazu besser gar nicht kommen lässt, und nebenbei auch noch gesund, weil ihre Bitterstoffe der Leber guttun. Artischocken bekommen Sie im Frühling und Sommer auf Märkten. Dann schmecken sie auch am besten, und sie sind auf keinen Fall mit dem zu vergleichen, was im Supermarkt in Gläsern oder Dosen angeboten wird.

4 PERSONEN, 50 MINUTEN

4 Artischocken
2 Schalotten
50 g Butter
500 ml Gemüsebrühe
1 mittelgroße Sellerieknolle
100 g Pinienkerne
100 g Schlagsahne
800 g Kalbsrücken (küchenfertig)
4 EL Rapsöl (zum Braten)
5 Zweige Thymian
1 Zweig Rosmarin

Salz, Pfeffer

Die Artischocken putzen und in Keile schneiden. Die Schalotten schälen und in feine Würfel schneiden. Die Hälfte der Schalottenwürfel in einer Pfanne in der Hälfte der Butter glasig schwitzen und die Artischocken hinzufügen. 100 ml Gemüsebrühe hinzufügen und alles mit Salz und Pfeffer würzen. Die Artischocken in diesem Sud 30 Minuten garen.

Den Sellerie schälen und in grobe Würfel schneiden. Die Pinienkerne in einer kleinen Pfanne ohne Fett kurz anrösten. Den Sellerie mit den restlichen Schalottenwürfeln und den Pinienkernen in einem Topf in den restlichen 25 g Butter anschwitzen und mit den restlichen 400 ml Gemüsebrühe auffüllen. Den Sellerie in 15 Minuten weich garen, dann die Sahne hinzufügen und alles mit einem Stabmixer pürieren. Mit Salz und Pfeffer abschmecken.

Den Backofen auf 160 °C vorheizen. Das Fleisch salzen und in einer großen Pfanne im Rapsöl von allen Seiten scharf anbraten. Dann mit den Thymian- und Rosmarinzweigen für 12 Minuten im Ofen ruhen lassen. Mit Artischocken und Piniencreme servieren.

LAMMKEBAB MIT ARTISCHOCKENGEMÜSE

Sie können den Kebab als kleine Bällchen, als flache Frikadellen oder als längliche Würste ähnlich den Cevapcici braten. Das ist ganz Ihrer Fantasie überlassen; das Ergebnis ist immer köstlich. Allerdings hat das Würzen seine Tücken: Das Lammhackfleisch benötigt sehr viel Gewürz. Beim Abschmecken der rohen Hackfleischmasse mag man denken, man hätte schon zu viel Gewürz erwischt – und nach dem Braten ist fast nichts mehr davon zu schmecken. Wenn Sie noch keine Erfahrungswerte haben, empfiehlt es sich, einfach eine kleine Probe zu backen, den gegarten Kebab zu probieren und bei Bedarf nachzuwürzen.

4 PERSONEN, 40 MINUTEN

KEBAB
2 Schalotten
2 Knoblauchzehen
½ Bund glatte Petersilie
600 g Lammhackfleisch
1 Eigelb
½ TL gemahlener Kreuzkümmel
1 Prise Cayennepfeffer
½ TL gemahlener Koriander
4 EL Olivenöl (zum Braten)

ARTISCHOCKENGEMÜSE
8 kleine Artischocken
3 EL Olivenöl (zum Braten)
100 ml Geflügelbrühe
2 EL Kalbsjus (s. S. 219)
12 Kirschtomaten
4 Stängel Basilikum
2 EL Butter

Salz, Pfeffer

Für den Kebab Schalotten und Knoblauch schälen und fein hacken. Die Petersilie ohne grobe Stängel ebenfalls fein hacken. Alle Zutaten in einer Schüssel vermengen und mit Salz und Pfeffer abschmecken. Anschließend die Masse in die gewünschte Form bringen und in einer großen Pfanne im Olivenöl (nicht zu heiß) etwa 8 Minuten braten.

Die Artischocken putzen, in kleine Keile schneiden und im Olivenöl langsam anbraten. Geflügelbrühe und Kalbsjus dazugeben und alles 15 Minuten langsam schmoren.

In der Zwischenzeit die Kirschtomaten halbieren und den Stielansatz entfernen. Die Basilikumblätter grob hacken. Am Ende der Garzeit Tomaten und Basilikum zu den Artischocken geben und alles mit Salz, Pfeffer und Butter abschmecken. Das Artischockengemüse zum Kebab servieren.

COUSCOUSSALAT MIT APRIKOSEN-LAMMSPIESSEN UND MINZ-DILL-JOGHURT

Dieses Gericht lässt sich sehr gut vorbereiten; so haben Sie mehr Zeit für Ihre Gäste. Es ist auch gut für eine Grillparty geeignet und lässt sich dann mit den Lamm-Tomaten-Spießen von Seite 158 kombinieren. Wenn Sie einen Holzkohle- oder Gasgrill verwenden, sollten Sie entweder Spieße aus Metall verwenden oder die Holzspieße vorher gründlich wässern, damit sie nicht anbrennen.

4 PERSONEN, 40 MINUTEN

LAMMSPIESSE
600 g Lammfilets
400 g getrocknete Aprikosen
3 EL Olivenöl (zum Braten)

COUSCOUS
2 Schalotten
12 Kirschtomaten
30 g Butter
je 3 EL Weißwein
3 EL Noilly Prat
300 ml Geflügelbrühe
250 g Couscous
½ Bund Basilikum
½ Bund glatte Petersilie
2 EL Olivenöl

MINZ-DILL-JOGHURT
je 1 Bund Minze und Dill
1 Bio-Zitrone
350 g türkischer Joghurt
2 EL Olivenöl

Salz, Pfeffer

Die Lammfilets in mundgerechte Stücke schneiden und abwechselnd mit den getrockneten Aprikosen auf Schaschlikspieße (oder einfach auf Rosmarinzweige) stecken. Das Olivenöl in einer Pfanne erhitzen, die Lammspieße darin von jeder Seite in etwa 3 Minuten rosa anbraten und mit Salz und Pfeffer würzen.

Für den Couscous die Schalotten schälen und fein würfeln. Die Kirschtomaten halbieren. Beides zusammen in der Butter anschwitzen. Weißwein, Noilly Prat und Geflügelbrühe dazugeben und alles aufkochen. Den Couscous in den Topf rühren, vom Herd nehmen und zugedeckt etwa 10 Minuten quellen lassen. Basilikum und Petersilie hacken, beides nach dem Quellen zusammen mit dem Olivenöl unter den Couscous mischen.

Für den Minz-Dill-Joghurt die Minze und den Dill fein hacken. Die Schale der Zitrone abreiben. Die Kräuter zum Joghurt geben, alles gut verrühren und mit Olivenöl, Salz und Zitronenabrieb abschmecken. Den Minz-Dill-Joghurt zu den Lammspießen und dem Couscous servieren.

REHMEDAILLONS MIT GRANATAPFELSAUCE UND WALNUSS-RISOTTO

Statt der grünen Pfefferkörner können Sie auch Langpfeffer nehmen. Er schmeckt noch intensiver und ist nebenbei auch viel »mediterraner« als alle anderen Pfefferarten. Dieser Pfeffer, dessen 2,5–8 cm langen Fruchtstände an Birken- oder Weidenkätzchen erinnern, ist nämlich im Mittelmeerraum schon wesentlich länger bekannt als die heute gebräuchlichen Pfefferarten. Schon die alten Griechen und Römer haben ihn verwendet. Sie können ihn im Ganzen verwenden oder im Mörser oder in einer Gewürzmühle zerstoßen bzw. zermahlen. Der höhere Preis wird durch den feinen, intensiven Geschmack mehr als wettgemacht.

4 PERSONEN, 50 MINUTEN

1 Zwiebel
1 Knoblauchzehe
4 EL Rapsöl
200 g Risottoreis (vorzugsweise Acquerello)
150 ml Riesling
600 ml heiße Gemüsebrühe
720 g Rehrücken (küchenfertig), ausgelöst
200 ml Wildjus (s. S. 219)
1 EL eingelegte grüne Pfefferkörner
150 g Granatapfelkerne (von 1 Granatapfel)
50 g Walnusskerne
80 g Parmesan
50 g Schlagsahne

Salz, Pfeffer

Zwiebel und Knoblauch schälen und fein würfeln. Die Zwiebel- und Knoblauchwürfel in 2 EL Rapsöl andünsten. Den Risottoreis hinzufügen und kurz mit anschwitzen. Den Riesling dazugeben und die heiße Gemüsebrühe unter ständigem Rühren nach und nach zugießen. Den Risotto in 20 Minuten bissfest kochen.

Inzwischen den Rehrücken in zwölf Medaillons à 60 g schneiden, mit Salz und Pfeffer würzen und in den restlichen 2 EL Rapsöl von jeder Seite 2–3 Minuten anbraten. (Wer Kräuter zur Hand hat, legt zum Aromatisieren noch Thymian- und/oder Rosmarinzweige mit in die Pfanne.)

Den Wildjus in einem kleinen Topf erhitzen, mit den Pfefferkörnern und den Granatapfelkernen verrühren und alles mit Salz und Pfeffer abschmecken.

Die Walnusskerne fein hacken, den Parmesan reiben und die Sahne steif schlagen. Alle drei Zutaten in den Risotto rühren und diesen mit Salz und Pfeffer abschmecken. Die Medaillons zum Walnuss-Risotto servieren und die Granatapfelsauce getrennt dazu reichen.

DESSERTS

BEERENGRATIN

Dies ist ein festliches und doch leichtes Gratin, ein wunderbarer Abschluss eines eher schweren, winterlichen Menüs (auch wenn Sie dann bei den Erdbeeren mit Importware »mogeln« müssen). Mit Orange, Gewürznelke, Zimt und Sternanis gewürzt, bekommt das Gratin genau die richtigen Aromen, um Ihrem Weihnachtsessen ein Glanzlicht aufzusetzen. Und die Beeren lassen Ihre Gäste oder Ihre Familie schon wieder ganz leise vom Sommer träumen ...

4 PERSONEN, 40 MINUTEN

6 EL Weißwein
1 EL Orangenlikör
100 g Zucker
2 Eigelb
250 g Beerenmix (TK)
1 Gewürznelke
1 Zimtstange
1 Sternanis
500 g Erdbeeren

Weißwein, Orangenlikör, 3 EL Zucker und Eigelbe in eine Schüssel geben. Mit einem Schneebesen über einem heißen Wasserbad cremig aufschlagen, danach über einem eiskalten Wasserbad weiterschlagen, bis das Sabayon wieder abgekühlt ist.

Den Beerenmix kurz antauen lassen und mit dem restlichen Zucker (55 g) in einem Topf vermischen. Gewürznelke, Zimtstange und Sternanis dazugeben und alles 5 Minuten kochen lassen. Gewürznelke, Zimtstange und Sternanis wieder entfernen.

Die Stielansätze der Erdbeeren entfernen und die Früchte in 0,5 cm dicke Scheiben schneiden. Zu den anderen Beeren in den Topf geben und diesen vom Herd nehmen.

Den Backofengrill vorheizen. Die Beeren auf flache ofenfeste Förmchen verteilen. Das Sabayon daraufgeben und unter dem Backofengrill auf der obersten Schiene in 1–2 Minuten goldbraun gratinieren. Heiß servieren.

MASCARPONECREME MIT GRANATAPFEL UND GEBRANNTER SCHOKOLADE

Dieses Dessert lässt sich hervorragend vorbereiten. So sind Sie am Abend bei den Gästen und nicht in der Küche. Die Granatapfelkerne lösen sich übrigens ganz leicht aus der Frucht, wenn Sie diese erst ein paarmal mit fester Hand über die Arbeitsfläche rollen und dann einfach aufbrechen. Dann können Sie die Kerne mit der Hand herauslösen oder herausklopfen. Damit die Kerne nicht überall herumspringen, können Sie sie im Spülbecken in kaltem Wasser ausklopfen. Die weißen Häutchen, in denen die Kerne sitzen, sollten Sie aussortieren: Sie sind ziemlich bitter.

4 PERSONEN, 30 MINUTEN

150 g weiße Schokolade
1 Vanilleschote
250 g Mascarpone
150 g Schlagsahne
100 g Puderzucker
200 g Granatapfelkerne
(von 2 kleinen Granatäpfeln)

Den Backofen auf 250 °C vorheizen. Die Schokolade fein hacken und auf ein mit Backpapier ausgelegtes Backblech geben. Für 3 Minuten in den Ofen geben. Danach sofort in den Kühlschrank stellen und dort auskühlen lassen.

In der Zwischenzeit die Vanilleschote auskratzen. Mascarpone und Sahne mit dem Puderzucker und dem Vanillemark in einer Schüssel schaumig schlagen.

Die Mascarponecreme in Portionsgläser geben, Granatapfelkerne und Schokoladenbruch darauf schichten und das Dessert bis zum Servieren kalt stellen.

ROSMARIN-GRIESS-KNÖDEL MIT ZIMTZWETSCHGEN

Lassen Sie den Teig für die Grießknödel auf jeden Fall lange genug quellen. Er muss ruhen und sich »entspannen«, damit Sie später schöne Knödel daraus formen können, die auch gut zusammenhalten.

4 PERSONEN, 40 MINUTEN
+ 3 STUNDEN RUHEZEIT FÜR DEN TEIG

GRIESSKNÖDEL
250 ml Milch
60 g Butter
2 EL Rosmarinnadeln
2 EL Honig
70 g Grieß
1 Ei

ZIMTZWETSCHGEN
8 Zwetschgen
80 g Zucker
2 EL roter Portwein
80 ml Pflaumenlikör
1 Zimtstange
1 EL Speisestärke

FOND
1 Bio-Orange
1 Bio-Zitrone
1 Zimtstange
50 g Zucker
1 Vanilleschote

Puderzucker (zum Dekorieren)

Für die Grießknödel Milch, Butter, Rosmarin und Honig in einem Topf aufkochen und mit einem Schneebesen den Grieß einrühren. Der Grieß beginnt zu quellen und muss nun abgebrannt werden: Mit einem Kochlöffel den Teig am Topfboden abbrennen, bis sich eine Schicht gebildet hat, die sich nicht mehr so leicht löst.

Die Masse in eine Schüssel umfüllen und mit Frischhaltefolie abdecken. Bevor das Ei dazugegeben wird, muss die Masse ein wenig abkühlen. Dann das Ei einarbeiten. Die Grießmasse zum Ruhen für mindestens 3 Stunden in den Kühlschrank geben; anschließend mit den Händen daraus kleine Knödel formen.

Die Zwetschgen halbieren und entsteinen. Den Zucker in einem Topf bei schwacher Hitze unter Rühren schmelzen. Wenn der Karamell goldbraun ist, mit 70 ml Wasser, Portwein und Pflaumenlikör ablöschen. Den Zimt hinzufügen und die Flüssigkeit auf die Hälfte reduzieren. Die Stärke mit etwas kaltem Wasser anrühren. Die Zimtstange entfernen und den Sud mit der angerührten Stärke binden. Die Zwetschgen im Sud kurz aufkochen.

In der Zwischenzeit für den Fond die Schale von Orange und Zitrone abreiben. Den Abrieb in 2 l Wasser mit der Zimtstange, dem Zucker und der Vanilleschote aufkochen und ziehen lassen. Die Knödel dann in den Fond geben – sie dürfen nicht kochen, sondern sollen nur leicht ziehen. Sobald die Knödel an der Oberfläche schwimmen, sind sie gar. Sofort mit den warmen Zimtzwetschgen servieren und mit Puderzucker überstäuben.

MOKKASCHAUM AUF BROMBEEREN

Schnell und einfach gemacht, eine schöne Verbindung von sahniger und knuspriger Textur und fruchtiger Note, gut vorzubereiten und ungemein dekorativ: Dieses Dessert ist einfach ideal für die Bewirtung von Gästen. Wenn Sie es früher am Tag vorbereiten wollen, können Sie es in kleinen Einmachgläsern mit Deckel servieren, sodass Sie nicht mehr in der Küche stehen müssen, während Ihre Gäste schon genießen. Die Amarettini-Brösel sollten Sie aber erst kurz vor dem Servieren über das Dessert streuen, damit sie nicht weich werden.

4 PERSONEN, 30 MINUTEN

400 g Brombeeren
150 g Zucker
2 Vanilleschoten
250 g Schlagsahne
300 g Joghurt
6 TL lösliches Espressopulver
8 EL Amarettini
Puderzucker (zum Dekorieren)

Die Brombeeren verlesen und mit 2 EL Zucker vorsichtig mischen. Die Vanilleschoten auskratzen und die Sahne steif schlagen.

Den Joghurt mit Vanillemark, löslichem Espressopulver und dem restlichen Zucker (120 g) verrühren. Die Sahne unter den Mokkajoghurt heben.

Die Amarettini grob zerbröseln. Die Brombeeren auf Desserttellern anrichten und den Mokkaschaum darübergeben. Das Dessert mit je 2 EL Amarettini bestreut und mit Puderzucker überstäubt servieren.

SAUERRAHMEIS MIT MARINIERTEN BEEREN

Dieses Eis lebt ganz vom Gefühl der Frische. Sauerrahm und Limetten ergänzen sich besonders gut, und die sanfte säuerliche Note gleicht ein kräftiges Essen bestens aus. Wer darauf achtet, dass er innerhalb eines Menüs einen solchen Ausgleich schafft, wird seine Gäste immer wieder begeistern. Und das gilt nicht nur für den Geschmack, sondern auch für das gute Gleichgewicht zwischen schwereren und leichteren Genüssen.

4 PERSONEN, 30 MINUTEN
+ GEFRIERZEIT

EIS
375 g Sauerrahm
125 g Schlagsahne
180 g Puderzucker
2 Bio-Zitronen

MARINIERTE BEEREN
12 Himbeeren
24 Blaubeeren
12 Erdbeeren
4 Rispen Johannisbeeren
2 EL Puderzucker

abgriebene Schale von ½ Bio-Orange (zum Dekorieren)

Eismaschine

Für das Eis Sauerrahm, Sahne und Puderzucker gut vermengen. Die Schale der Zitronen abreiben und eine Zitrone auspressen. 4 EL Zitronensaft in einem kleinen Topf einmal kurz aufkochen, erkalten lassen und zu der Sahnemischung geben. Die Hälfte des Zitronenabriebs hinzufügen und alles nochmals gut vermengen.

Die Eismasse in der Eismaschine gefrieren. Alternativ im Tiefkühlfach in 6 Stunden gefrieren, dabei alle 30 Minuten mit dem Schneebesen umrühren.

Die Beeren verlesen. Die Erdbeeren vierteln, die Stielansätze entfernen. Alle Beeren mit dem restlichen Zitronenabrieb und dem Puderzucker abschmecken.

Zum Servieren Nocken vom Sauerrahmeis abstechen, auf den marinierten Beeren anrichten und mit etwas Orangenabrieb dekorieren.

GEEISTER ESPRESSO MIT AMARENAKIRSCHEN

Kaffeedesserts lassen sich sehr schön in Kaffeetassen servieren. Das gilt für die kleine Espressoportion wie bei diesem Dessert, aber auch für Mokkacreme oder Mousse mit Kaffee. Ein kaltes mit Kaffee aromatisiertes Dessert, das in einer Kaffeetasse unter einer Haube aus heißem Milchschaum serviert wird, erinnert an den beliebten Cappuccino und macht Ihren Gästen Spaß. Wenn Sie solche Desserts am Abend servieren, sollten Sie allerdings bedenken, dass sie genauso wach machen wie ein »echter« Kaffee oder Espresso. Bei empfindlicheren Gästen ist vielleicht eine entkoffeinierte Variante angebracht.

4 PERSONEN, 15 MINUTEN
+ 8 STUNDEN GEFRIERZEIT

100 g Zucker
6 Eigelb
4 EL sehr starker Espresso, abgekühlt
1 Ei
330 g Schlagsahne
8 Amarenakirschen (zum Dekorieren)

Den Zucker mit den Eigelben schaumig schlagen. Den kalten Espresso und das Ei einrühren. Die Sahne steif schlagen und unter die Masse heben. In kleine Tassen füllen und im Tiefkühlfach in 8 Stunden gefrieren.

Vor dem Servieren mit Amarenakirschen dekorieren.

MARSALASCHAUM MIT FRISCHEN BEEREN

Beim Aufschlagen des Eigelbs kräftig und ununterbrochen mit dem Schneebesen schlagen, damit so viel Luft wie möglich aufgenommen wird. So bekommt der Schaum ein schönes Volumen und zergeht später auf der Zunge. Der Marsala tut sein Übriges: Dieser feine Süßwein aus Sizilien, ein entfernter Verwandter von Portwein und Sherry, verbindet sich ideal mit Eigelb und Sahne und entfaltet dann erst so richtig seinen sanften Geschmack.

4 PERSONEN, 30 MINUTEN

85 g Zucker
3 EL Marsala
5 Eigelb
250 g Schlagsahne
100 g gemischte Beeren

Zucker, Marsala und Eigelbe in eine Schüssel geben und über einem heißen Wasserbad mit einem Schneebesen schaumig schlagen. Anschließend den Schaum über einem eiskalten Wasserbad weiterrühren, bis er abgekühlt ist.

Die Sahne steif schlagen und unterheben. Den Marsalaschaum mit den frischen Beeren anrichten.

TÜRKISCHES NOUGATPARFAIT

Wenn Sie Nüsse und Kerne vor dem Hacken in einer Pfanne ohne Fettzugabe leicht anrösten, schmecken sie auch in diesem Parfait noch intensiver. Das Nougatparfait servieren Sie mit frisch geschlagener Sahne und bestreuen es mit gehackten Nüssen. Sie können auch Birnenkompott dazu servieren. Da die Nüsse gut zum Herbst passen, bekommen Sie auf diese Art ein sehr schönes herbstliches Dessert.

4 PERSONEN, 40 MINUTEN
+ 8 STUNDEN GEFRIERZEIT

4 Eigelb
75 g Zucker
75 g Honig
1 EL Amaretto
1 TL Rum
75 g dunkle Kuvertüre
100 g Nougat
25 g Walnusskerne
25 g Pinienkerne
25 g Pistazienkerne
25 g Cashewkerne
50 g Vollmilchschokoladensplitter
500 g Schlagsahne

Eigelbe, Zucker, Honig, Amaretto und Rum über einem heißen Wasserbad unter ständigem Schlagen auf 80 °C erhitzen. Dann über einem eiskalten Wasserbad weiterschlagen, bis die Masse wieder abgekühlt ist.

Dunkle Kuvertüre und Nougat zusammen in einem kleinen Topf über einem heißen Wasserbad schmelzen und zur Ei-Zucker-Mischung geben.

Die Nüsse und Kerne hacken und mit den Schokoladensplittern unter die Masse rühren. Die Sahne steif schlagen und in mehreren Portionen unterheben. Die Masse in eine Kastenform geben und im Tiefkühlfach in 8 Stunden gefrieren.

BRATÄPFEL MIT FEIGEN UND ROTWEINBUTTER-EIS

Dies ist ein schönes Dessert für Herbst und Winter. Wenn es draußen richtig kalt ist, sodass selbst die Elbe vor meinem Restaurant einen eisigen Mantel anzieht, dann ist genau die richtige Zeit dafür gekommen, diese fruchtig-süße Köstlichkeit wieder einmal zu servieren. Die Füllung aus Marzipan lässt fast schon weihnachtliche Gefühle aufkommen.

4 PERSONEN, 40 MINUTEN
+ GEFRIERZEIT

ROTWEINBUTTER-EIS
1,2 l Rotwein
1 Zimtstange
2 Vanilleschoten
1 Kardamomkapsel
400 g Zucker
14 Eigelb
4 Blatt Gelatine
400 g kalte Butter

BRATÄPFEL
200 g Marzipanrohmasse
2 EL Rosinen
2 EL Mandelstifte
50 g Puderzucker
1 EL Amaretto
4 kleine Äpfel

PORTWEINFEIGEN
150 g Zucker
100 ml roter Portwein
1 Zimtstange
100 ml Rotwein
50 ml Cassislikör
8 Feigen

Eismaschine

Für das Eis 800 ml Rotwein mit den Gewürzen auf 400 ml reduzieren. Die restlichen 400 ml Rotwein und den Zucker dazugeben und alles nochmals aufkochen.

Den kochenden Rotwein unter die Eigelbe rühren. Die Gelatine in kaltem Wasser einweichen, ausdrücken und in der Mischung auflösen. Die Butter in kleine Würfel schneiden und unter die Masse mixen. Alles durch ein Sieb streichen und in der Eismaschine gefrieren. Alternativ im Tiefkühlfach in 6 Stunden gefrieren, dabei alle 30 Minuten mit dem Schneebesen umrühren.

Für die Bratäpfel den Backofen auf 160 °C vorheizen. Das Marzipan mit Rosinen, Mandeln, Puderzucker und Amaretto verkneten. Die Kerngehäuse aus den Äpfeln stechen und diese vorsichtig aushöhlen. Mit der Marzipanmasse füllen, in eine feuerfeste Auflaufform setzen und für 25 Minuten in den Ofen geben.

Inzwischen den Zucker für die Feigen in einem Topf bei schwacher Hitze unter Rühren schmelzen, bis er goldbraun ist. Mit dem Port ablöschen. Die Zimtstange hinzufügen, mit dem Rotwein und dem Cassislikör auffüllen und alles auf die Hälfte einkochen.

Die Feigen schälen und vierteln. Die Zimtstange entfernen und die Feigen in den Sud geben. Aufkochen und vom Herd nehmen.

Die Bratäpfel mit Eisnocken und Portweinfeigen anrichten und schnell servieren.

HOLUNDER-BUTTERMILCH-KALTSCHALE MIT BUCHWEIZEN-CRUMBLE

Holunder, Buttermilch, Buchweizen – lauter »altmodische« Zutaten, die schon fast ein wenig in Vergessenheit geraten waren. Dabei zeigt der Holunder so schön, wann der Sommer beginnt (wenn er blüht) und zu Ende geht (wenn die Beeren reif sind). Und er versorgt uns gleich zweimal im Jahr mit Zutaten für die Küche: Die Blütendolden lassen sich mit etwas Teig als Dessert ausbacken, und die Beeren schmecken wunderbar als heißer Saft oder Fruchtmark.

4 PERSONEN, 50 MINUTEN
+ 24 STUNDEN RUHEZEIT FÜR DIE BUTTERMILCH UND 3 STUNDEN KÜHLZEIT FÜR DIE MOUSSE

KALTSCHALE
1 l Buttermilch
2 Sternanis
150 g Puderzucker
100 ml Holunderblütensirup
½ Bio-Orange

HONIGMOUSSE
300 g Joghurt
70 g kräftiger Honig
(etwa Buchweizenhonig)
4 EL Milch
3½ Blatt Gelatine
130 g Schlagsahne

BUCHWEIZEN-CRUMBLE
200 g Buchweizenmehl
80 g weiche Butter
80 g Zucker

Am Vortag die Buttermilch mit Sternanis und Puderzucker vermengen und 24 Stunden im Kühlschrank ziehen lassen.

Den Holunderblütensirup in die Buttermilch rühren. Die Schale der Orange abreiben und an die Kaltschale geben.

Für die Honigmousse Joghurt und Honig verrühren. Die Milch erwärmen. Die Gelatine in eiskaltem Wasser einweichen, ausdrücken, in der Milch auflösen und diese zum Joghurt geben. Die Sahne steif schlagen und unter den Joghurt heben. Die Mousse 3 Stunden kalt stellen.

Für den Crumble den Backofen auf 170 °C vorheizen. Die Zutaten miteinander verkneten und auf ein Backblech krümeln. Dann 20 Minuten backen; dabei den Crumble auf dem Blech alle 4 Minuten mit einem Schneebesen verrühren.

Die Mousse mit dem Crumble bestreuen und in der Kaltschale servieren.

VANILLEMOUSSE MIT HIMBEERSORBET

Fleur de sel ist das feinste Salz, das Sie verwenden können. Es ist ein sehr aufwendig und in mühsamer Handarbeit gewonnenes Naturprodukt, deshalb verwendet man es nur zum Bestreuen von feinen Gerichten oder wie hier zum Aromatisieren von Schokolade. Diese »Blüte des Salzes« hat einen besonders feinen Geschmack. Kenner schwören darauf als Zugabe zum Frühstücksei.

4 PERSONEN, 50 MINUTEN
+ GEFRIERZEIT UND 2 STUNDEN KÜHLZEIT FÜR DIE MOUSSE

HIMBEERSORBET
120 g Zucker
700 g Himbeeren
1 Limette

VANILLEMOUSSE
6 EL Milch
220 g Schlagsahne
2 EL Zucker
¼ Vanilleschote
1 Eigelb
2 Blatt Gelatine

CRUMBLE
200 g Mehl
50 g Speisestärke
50 g Kakaopulver
130 g gemahlene Mandeln
1 TL Fleur de sel
220 g brauner Zucker
300 g weiche Butter

Eismaschine

Für das Sorbet den Zucker mit 115 ml Wasser aufkochen. Die Himbeeren durch ein Sieb streichen, sodass 500 g Himbeermark entstehen. Die Limette auspressen, 1 EL Saft dazugeben und alles mit dem Zuckerwasser verrühren. Noch einmal durch ein Sieb streichen und in der Eismaschine gefrieren. Alternativ im Tiefkühlfach in 6 Stunden gefrieren, dabei alle 30 Minuten mit dem Schneebesen umrühren.

Für die Mousse Milch, 65 g Sahne und Zucker aufkochen. Die Vanilleschote auskratzen, zusammen mit dem Mark zur Sahnemischung geben und darin 5 Minuten ziehen lassen. Dann die Vanilleschote entfernen. Die kochende Vanillesahne unter das Eigelb rühren. Die Gelatine in kaltem Wasser einweichen, ausdrücken und dazugeben. Die Mischung rühren, bis die Gelatine sich ganz aufgelöst hat. Die Masse über einem eiskalten Wasserbad kalt rühren. Die restliche Sahne (155 g) steif schlagen und in drei Portionen unter die Vanillecreme ziehen. Die Vanillemousse im Kühlschrank in 2 Stunden fest werden lassen.

Den Backofen auf 140 °C vorheizen. Für den Crumble alle trockenen Zutaten mischen. Die Butter in Flöckchen zugeben und alles zu Streuseln verkneten. Diese auf ein mit Backpapier ausgelegtes Blech streuen und 20 Minuten backen.

Die Mousse als Nocken auf Dessertteller setzen, mit je einer Kugel Himbeersorbet anrichten und mit dem Crumble bestreuen.

SCHOKOLADEN-APRIKOSEN-KUCHEN

Nach einem leichten Essen ist ein Kuchen als Dessert immer willkommen. Die feine Mischung aus Marzipan, Kakao und Aprikosen macht aber auch auf Ihrer sonntäglichen Kaffeetafel eine gute Figur, am liebsten mit einem kräftigen Löffel frischer Schlagsahne. Wenn die Aprikosen im Frühsommer so richtig frisch und saftig sind, ist die Zeit für diesen Kuchen gekommen – und meistens ist es dann noch zu früh für die lästigen Wespen, was den Genuss auf der Terrasse noch erhöht.

4 PERSONEN, 40 MINUTEN

11 Eigelb
80 g Kakaopulver
160 g Marzipanrohmasse
9 Eiweiß
250 g Zucker
150 g Aprikosen
150 g Mandelstifte
1 EL Butter (für die Springform)
Puderzucker (zum Dekorieren)

Den Backofen auf 160 °C vorheizen. Die Eigelbe mit dem Handrührgerät schaumig schlagen und das Kakaopulver unterrühren. Die Marzipanrohmasse untermengen. Dann die Eiweiße mit dem Zucker steif schlagen.

Die Aprikosen entsteinen und in Würfel schneiden. Die Aprikosenwürfel und die Mandelstifte zu der Kakao-Eigelb-Masse geben.

Anschließend den Eischnee vorsichtig unterheben. Die Masse in eine gefettete Springform (Ø 26 cm) füllen und 25 Minuten backen. Den Kuchen abkühlen lassen und mit Puderzucker überstäuben.

FEIGEN-PORTWEIN-EIS MIT RHABARBERRAGOUT

Wie die Erdbeere, so hat auch der Rhabarber nur eine kurze Saison im Frühling und Frühsommer. Zum Glück überschneidet sich die Rhabarbersaison gerade so mit der Erdbeerzeit, sodass es uns möglich ist, köstliche Desserts und Konfitüren aus beiden Zutaten zuzubereiten. Bei diesem Dessert jedoch ergänzt die säuerlich-herbe Note des Rhabarbers sehr reizvoll die Süße von Feigen und Portwein im Eis. Sie können das Ragout abkühlen lassen oder warm zum Eis geben, es schmeckt auf jeden Fall köstlich.

4 PERSONEN, 45 MINUTEN
+ GEFRIERZEIT

FEIGEN-PORTWEIN-EIS
100 g Zucker
15 Feigen
300 ml roter Portwein
125 g Schlagsahne
180 g Puderzucker
2 Limetten
6 Eigelb

RHABARBERRAGOUT
400 g Rhabarber
150 g Zucker
2 Kardamomkapseln

Eismaschine

Für das Eis den Zucker in einem Topf bei schwacher Hitze unter Rühren schmelzen, bis er goldbraun ist. Die Feigen schälen und zum Karamell geben. Mit Portwein ablöschen und alles 10 Minuten leicht köcheln lassen.

Feigen (bis auf zwei), Sahne und Puderzucker mit dem Stabmixer fein pürieren. Die Limetten auspressen und die Hälfte des Safts zur Feigenmasse geben. Die kochende Masse unter die Eigelbe rühren. Über einem heißen Wasserbad weiterrühren, bis die Masse den Rücken des Kochlöffels überzieht und ein Wellenmuster ergibt, wenn Sie darauf pusten (zur Rose abziehen).

Die Eismasse in der Eismaschine gefrieren. Alternativ im Tiefkühlfach in 6 Stunden gefrieren, dabei alle 30 Minuten mit dem Schneebesen umrühren.

Den Rhabarber schälen und klein schneiden. Den Zucker in einem Topf bei schwacher Hitze karamellisieren und mit dem restlichen Limettensaft sowie 100 ml Wasser ablöschen. Den Rhabarber mit den zerdrückten Kardamomkapseln hinzufügen und alles 20 Minuten köcheln lassen.

Das Eis mit dem Rhabarber und den restlichen Feigen servieren.

CRÊPES MIT WALNUSS-NOUGAT-EIS

Crêpes, diese hauchdünnen Pfannkuchen, stammen ursprünglich aus Normandie und Bretagne, gehören heute aber in ganz Frankreich und gerade auch im Süden des Landes, an der Mittelmeerküste, zur traditionellen schnellen Küche. Oft werden sie an Straßenständen zubereitet und gleich aus der Hand gegessen. Mit salzigen und süßen Füllungen, aus Buchweizen- oder Weizenmehl, mit Alkohol oder sogar flambiert – hier kennt die Fantasie der Köche und Genießer kaum Grenzen.

4 PERSONEN, 40 MINUTEN
+ 4 STUNDEN RUHE- UND GEFRIERZEIT

WALNUSS-NOUGAT-EIS

100 g Zucker
120 g Walnusskerne
5 Eigelb
250 ml Milch
250 g Schlagsahne
30 g Nougat

CRÊPES

100 g Mehl
100 g Zucker
200 ml Milch
6 Eier
2 EL braune Butter (s. S. 220)
½ Bio-Zitrone
100 g Butterschmalz (zum Braten)

grob gehackte Walnüsse und 2 EL Puderzucker (zum Dekorieren)

Eismaschine

Für das Eis den Zucker mit 3 EL Wasser zum Kochen bringen und unter Rühren so lange kochen lassen, bis er karamellisiert. Die Walnusskerne dazugeben und nur kurz im Karamell rösten. Die Eigelbe in eine große Schüssel geben und beiseitestellen.

Milch und Sahne zu dem Karamell-Nuss-Gemisch geben und alles aufkochen lassen. Die kochende Mischung unter die Eigelbe rühren. Zuerst nur wenig, um die Masse anzugleichen, dann den Rest. Das Nougat zugeben, die Masse mit dem Stabmixer fein pürieren und 3 Stunden ziehen lassen. Anschließend durch ein feines Sieb streichen und in der Eismaschine gefrieren. Alternativ im Tiefkühlfach in 6 Stunden gefrieren, dabei alle 30 Minuten mit dem Schneebesen umrühren.

Für die Crêpes Mehl und Zucker mit der Milch in einen hohen Becher geben und mit dem Handrührgerät gut vermengen. Nach und nach die Eier und die flüssige braune Butter hinzufügen. Die Schale der Zitrone abreiben. Den Abrieb in den Teig geben und diesen 1 Stunde ziehen lassen.

Den Teig portionsweise in einer heißen Pfanne im Butterschmalz zu dünnen Crêpes backen. Die Crêpes mit je einer Kugel Eis servieren und mit Walnüssen und Puderzucker dekorieren.

ALIS SCHOKOLADENKUCHEN

Dieses Dessert ist seit Jahren der gar nicht mehr so geheime Geheimtipp in meinem Restaurant. Es soll Gäste geben, die vor allem wegen des Schokoladenkuchens immer wiederkommen … Wichtig ist, dass der Kuchen außen knusprig gebacken und innen noch ein bisschen flüssig ist.

4 PERSONEN, 1 STUNDE
+ GEFRIERZEIT

VANILLEEIS
500 g Schlagsahne
500 ml Milch
200 g Zucker
1 Vanilleschote
10 Eigelb

SCHOKOLADENKUCHEN
120 g Valrhona Kuvertüre Guanaja 70 %
100 g Butter
3 Eier (180 g, ohne Schale gewogen)
150 g Zucker
50 g Mehl

ERDBEEREN
350 g Erdbeeren
½ Bund Minze
1 Limette
50 g Zucker

Puderzucker (zum Dekorieren)

Eismaschine
4 Aluringe (Ø 8 cm)

Für das Vanilleeis die Sahne mit der Milch und dem Zucker aufkochen. Die Vanilleschote auskratzen und das Mark zur Sahnemischung geben. Die Eigelbe in eine Schüssel geben und die kochende Sahnemischung nach und nach unterrühren. Anschließend die Masse durch ein Sieb streichen und in der Eismaschine gefrieren. Alternativ im Tiefkühlfach in 6 Stunden gefrieren, alle 30 Minuten mit dem Schneebesen umrühren.

Für den Kuchen die Kuvertüre mit der Butter in einer Schüssel über einem heißem Wasserbad schmelzen. Eier und Zucker in einer Schüssel mit dem Handrührgerät cremig aufschlagen.

Sobald die Kuvertüre geschmolzen ist, die Ei-Zucker-Mischung unterheben und das Mehl untersieben. Wenn keine Klümpchen mehr im Teig sind, diesen kalt stellen. Sobald er kalt ist, in mit Backpapier ausgelegte Aluringe auf einem Backblech füllen. Den Backofen auf 220 °C vorheizen.

250 g Erdbeeren vierteln. Die Minze fein schneiden. Die Limette auspressen. Die restlichen 100 g Erdbeeren durch ein Sieb streichen, sodass 80 g Erdbeermark entstehen. Die gewürfelten Erdbeeren mit dem Erdbeermark und der Minze vermengen und alles mit Zucker und Limettensaft abschmecken.

Damit der Kern flüssig bleibt, müssen die Kuchen bei großer Hitze gebacken werden, daher das Backblech mit den gefüllten Ringen für 7 Minuten direkt auf den Boden des Ofens stellen. Den warmen Schokoladenkuchen mit Vanilleeis und Erdbeeren anrichten und sofort mit Puderzucker bestreut servieren.

BAKLAVA MIT MIRABELLENCONFIT

Falls Sie keine Mirabellen bekommen, können Sie auch Feigen verwenden. Auch diese stammen ja aus Ländern südlich und östlich des Mittelmeers und sind deshalb ideale Begleiter dieser süßen, zart-knusprigen Spezialität mit orientalischen Wurzeln. Baklava ist keine Diätspeise, wohl wahr. Aber die kleine Portion entfaltet einen köstlichen Geschmack und lässt Sie am Ende eines Menüs geradewegs in den Genießerhimmel schweben.

4 PERSONEN, 1 STUNDE

BAKLAVA

300 g Zucker
400 g Pistazienkerne
300 g Butter
1 Packung Filoteig (30 Blätter)

MIRABELLENCONFIT

250 g Mirabellen
100 g Zucker
50 ml Pflaumenlikör
1 Vanilleschote
1 Prise gemahlener Zimt
1 Prise gemahlener Kardamom
1 Limette

Den Backofen auf 180 °C vorheizen. Den Zucker mit 300 ml Wasser aufkochen und abkühlen lassen. Die Pistazien hacken.

Die Butter zerlassen. 1 EL flüssige Butter in ein tiefes Backblech geben, das erste Blatt Filoteig hineinlegen, mit etwas flüssiger Butter bestreichen und mit einem weiteren Blatt bedecken. Diesen Vorgang noch 13-mal wiederholen. Die Hälfte der Pistazien auf dem Filoteig verteilen und nochmals 15 Schichten mit Filoteig und Butter bilden. Danach die restlichen Pistazien daraufgeben.

Mit einem großen Messer den Filoteig portionieren und für 20 Minuten in den Ofen geben. Danach den Ofen auf 160 °C herunterschalten, das Baklava mit dem Zuckersirup übergießen und nochmals 20 Minuten backen.

Für das Confit die Mirabellen halbieren und entsteinen. Den Zucker in einem Topf unter Rühren schmelzen, bis er goldbraun ist. Mit dem Pflaumenlikör ablöschen. Mirabellen, Vanilleschote, Zimt und Kardamom hinzufügen und die Mirabellen langsam weich kochen. Die Vanilleschote entfernen. Die Limette auspressen und das Mirabellenconfit zum Schluss mit dem Limettensaft abschmecken. Das Confit warm oder kalt zum Baklava servieren.

ZITRONENQUARK MIT BEEREN

Ein schnelles, feines Dessert, das so richtig nach Sommerfrische schmeckt. Wenn Sie den Quark noch ein bisschen verfeinern wollen, ersetzen Sie ihn zur Hälfte durch Mascarpone. Dann wird es allerdings auch ziemlich kalorienreich, denn Mascarpone verdankt seinen köstlichen Geschmack nicht zuletzt seinem hohen Fettgehalt.

4 PERSONEN, 30 MINUTEN

125 g Himbeeren
125 g Blaubeeren
3 EL Puderzucker
1 Vanilleschote
2 Bio-Zitronen
500 g Quark
70 g Zucker
100 g Schlagsahne

Himbeeren und Blaubeeren vorsichtig mit dem Puderzucker verrühren. Die Vanilleschote auskratzen. Die Schale der Zitronen abreiben und eine Zitrone auspressen.

Den Quark mit Zitronensaft, der Hälfte des Zitronenabriebs, Zucker, Vanillemark und Sahne verrühren und kalt stellen.

Den Zitronenquark kurz vor dem Servieren mit den Beeren in Gläser schichten und mit Zitronenabrieb dekorieren.

ERDBEER-FEIGEN-RAGOUT MIT MASCARPONE-EIS

Dies ist ein ausgesprochenes Sommerdessert. Richtig aromatische Erdbeeren bekommen Sie nun mal nur im Frühsommer, obwohl auch die Saison für einheimische Erdbeeren durch neue Züchtungen und Anbaumethoden länger geworden ist. Feigen gibt es dagegen das ganze Jahr über. Der Feigenbaum trägt ja ständig, er trägt Blüten, unreife und reife Früchte zur gleichen Zeit. So können Sie in den Jahreszeiten ohne Erdbeeren das Kompott auch nur aus Feigen oder aus einer Mischung von Feigen und Saisonfrüchten zubereiten.

4 PERSONEN, 40 MINUTEN
+ GEFRIERZEIT

MASCARPONE-EIS

250 g Schlagsahne
250 ml Milch
100 g Zucker
½ Vanilleschote
6 Eigelb
250 g Mascarpone

ERDBEER-FEIGEN-RAGOUT

12 Erdbeeren
6 Feigen
1–2 EL Puderzucker
1–2 EL Cassislikör

einige Minzblättchen (zum Dekorieren)

Eismaschine

Für das Eis die Sahne mit der Milch und dem Zucker aufkochen. Die Vanilleschote auskratzen und zusammen mit dem Mark in der warmen Sahnemischung ziehen lassen. Die Schote nach 5 Minuten entfernen.

Die Eigelbe in eine große Schüssel geben und verrühren. Die Vanillesahne nochmals aufkochen und zunächst eine kleine Menge unter die Eigelbe rühren. Nun den Rest zugeben und alles über einem eiskalten Wasserbad rühren. Den Mascarpone gut untermengen und alles in der Eismaschine gefrieren. Alternativ im Tiefkühlfach in 6 Stunden gefrieren, dabei alle 30 Minuten mit dem Schneebesen umrühren.

Für das Ragout die Erdbeeren von den Stielansätze befreien. Feigen und Erdbeeren klein schneiden und mit Puderzucker und Cassislikör abschmecken.

Aus dem Eis Nocken formen und mit dem Ragout servieren. Alles mit Minzblättchen dekorieren.

ESPRESSO-CRÈME-BRULÉE

Ideal zum Abflämmen ist ein kleiner Bunsenbrenner, wie Sie ihn inzwischen in guten Haushaltsgeschäften bekommen. Er arbeitet mit Feuerzeuggas und bringt eine schön heiße und saubere Gasflamme zustande, die Sie nicht nur zum Abflämmen von Crème brulée gebrauchen können (der Name »gebrannte Crème« stammt natürlich von diesem Vorgang), sondern auch, um z. B. Geflügel eine schön knusprige Haut zu geben. Wenn Sie ein solches Gerät nicht besitzen, müssen Sie auf den Grill in Ihrem Backofen zurückgreifen. Das hat aber einen entscheidenden Nachteil: Beim Übergrillen wird die Crème wieder warm, und die Zuckerschicht kann wieder aufweichen. Eine perfekte Crème brulée ist innen kalt und hat eine so harte Zuckerkruste, dass Sie vor dem Genießen mit dem Löffel anklopfen können.

6 PERSONEN, 50 MINUTEN

600 g Schlagsahne
200 ml sehr starker Espresso
150 g Zucker
14 Eigelb
100 g brauner Zucker

Bunsenbrenner

Den Backofen auf 100 °C vorheizen. Die Sahne kurz aufkochen. Espresso und Zucker hinzufügen und nochmals aufkochen.

Die Eigelbe in eine Schüssel geben und die kochende Sahne langsam einrühren. Dabei sehr sorgfältig rühren und wirklich langsam vorgehen, da die Eier sonst gerinnen.

Die Masse in ofenfeste Förmchen füllen und für 35 Minuten in den Ofen geben. Danach vollständig abkühlen lassen, mit dem braunen Zucker bestreuen und abflämmen.

MANDELCLAFOUTIS MIT RHABARBERSORBET UND VANILLECREME

Der Clafoutis stammt aus Frankreich und ist eine Mischung aus Kuchen und Auflauf. In Frankreich wird er sehr oft gleich mit Früchten (häufig mit Kirschen) gebacken. Hier haben wir Kuchen, fruchtige Beigabe und Creme getrennt. Der Genuss ist in jedem Fall garantiert. Den Clafoutis am besten am Vortag zubereiten und kühl stellen, dann lässt er sich wunderbar schneiden.

4 PERSONEN, 90 MINUTEN
+ GEFRIERZEIT

MANDELCLAFOUTIS
100 g weiche Butter
100 g gemahlene Mandeln
100 g Puderzucker
1 Ei

RHABARBERSORBET
500 g Rhabarber
120 g Zucker
1 Limette

VANILLECREME
250 ml Milch
3 EL Zucker
1 Vanilleschote
1½ EL Mehl
3 Eigelb

Puderzucker (zum Dekorieren)

Eismaschine

Den Clafoutis am Vortag zubereiten: Die Butter schaumig schlagen. Mandeln und Puderzucker mischen. Ist die Butter schaumig geschlagen, die trockenen Zutaten abwechselnd mit dem verquirlten Ei zugeben und so alles zu einem homogenen Teig verarbeiten.

Den Backofen auf 160 °C vorheizen. Den Teig auf ein mit Backpapier ausgelegtes Blech geben, glatt streichen und mit einem Backpapierbogen abdecken. Den Clafoutis im Ofen 20 Minuten backen. Danach die Temperatur auf 120 °C reduzieren und den Kuchen weitere 10–15 Minuten backen.

Für das Sorbet den Rhabarber schälen und in Stücke schneiden. Den Zucker mit 100 ml Wasser aufkochen. Die Limette auspressen. Den Rhabarber mit Limettensaft in der Zuckerlösung in etwa 15 Minuten weich kochen. Dann alles mit dem Stabmixer pürieren und durch ein Sieb streichen. In der Eismaschine gefrieren. Alternativ im Tiefkühlfach in 6 Stunden gefrieren und dabei alle 30 Minuten mit dem Schneebesen umrühren.

Für die Creme Milch, Zucker und die längs eingeritzte Vanilleschote aufkochen, die Schote entfernen. In die kochende Milch das Mehl einsieben und die Eigelbe einrühren. Alles noch einmal aufkochen und bis zum Servieren kalt stellen. Den Clafoutis in Stücke schneiden, mit je einer Nocke Sorbet und etwas Vanillecreme servieren und mit Puderzucker überstäuben.

GRUNDREZEPTE

BALSAMICO-VINAIGRETTE

100 ml Balsamico-Essig · 50 g Zucker · 3 TL Salz · 300 ml Olivenöl

Den Balsamico-Essig mit 50 ml Wasser mischen. Zucker und Salz darin auflösen, dann das Olivenöl dazugeben und nicht mehr stark rühren. Die Vinaigrette in einem Schraubglas im Kühlschrank aufbewahren.

MINZPESTO

40 g Pinienkerne · 1 Bund Minze · 50 ml Olivenöl · 50 ml Rapsöl · 40 g Parmesan · Salz, Zucker

Die Pinienkerne in einer heißen Pfanne ohne Fett kurz anrösten und abkühlen lassen. Die Minzblätter von den Stängeln abzupfen. Alle Zutaten außer Salz und Zucker in einem Mörser oder im Mixer zerkleinern, bis eine cremige Masse entsteht. Mit Salz und Zucker abschmecken.

Tipp: Dieses Pesto können Sie auch mit anderen Kräutern zubereiten, zum Beispiel mit Basilikum oder Rucola.

SALATDRESSING

2 große Schalotten (ca. 100 g) · 50 g geschälte Tomaten (aus der Dose) · 1 EL Estragon-Essig · 1 EL weißer Balsamico-Essig · je 1 EL gehacktes Basilikum, Rosmarin, Thymian, Estragon · 1 EL Dijonsenf · 50 ml Rapsöl · 50 ml Olivenöl · 1 Prise Cayennepfeffer · Salz, Pfeffer, Zucker

Die Schalotten schälen und fein würfeln. Die Tomaten mit dem Pürierstab fein zerkleinern und mit dem Estragon- und Balsamico-Essig vermengen. Die Kräuter, die Schalottenwürfel und den Dijonsenf unterrühren. Alles mit Salz, Pfeffer und Zucker abschmecken.
Die Mischung 24 Stunden im Kühlschrank ziehen lassen, danach durch ein Sieb streichen, um Zwiebeln und Kräuter zu entfernen.
Mit dem Pürierstab die Öle untermengen und alles mit Salz, Pfeffer, Zucker und Cayennepfeffer abschmecken.

TSATSIKI

1 Salatgurke · 1 Knoblauchzehe · ½ Bund Minze · 1 Zitrone · 150 g türkischer Joghurt · Salz, Pfeffer, Zucker

Die Gurke schälen, raspeln und mit 1 TL Salz bestreuen. Die Knoblauchzehe schälen und fein hacken. Die Minzblätter von den Stängeln abzupfen und ebenfalls fein hacken. Die Zitrone auspressen. Den Joghurt mit Minze, Knoblauch und 1 TL Zitronensaft vermengen. Die Gurkenraspel ausdrücken und dazugeben. Das Tsatsiki mit Salz, Pfeffer und Zucker und nach Belieben mit etwas Zitronensaft abschmecken.

PAPRIKASALSA

1 Schalotte · ½ Knoblauchzehe · 1 Stängel Zitronengras · 3 EL Butter · ½ gelbe Paprikaschote · ½ rote Paprikaschote · 10 g frischer Ingwer · 5 EL Tomatenfond · 2 EL braune Butter · ¼ Bund Koriandergrün · ½ TL gemahlener Koriander · Salz, Pfeffer

Schalotte und die Knoblauch schälen, mit dem Zitronengras fein hacken. Alles in einer großen Pfanne in der Butter anschwitzen.
Den Backofen auf 160 °C vorheizen. Die rote und die gelbe Paprikaschote für 25 Minuten auf einem Blech in den Ofen geben; danach lässt sich die Haut leicht abziehen.
Die Paprikaschoten in feine Würfel schneiden und zu den Schalotten geben. Den Ingwer schälen und fein hacken, den Tomatenfond und die braune Butter ebenfalls zufügen und die Paprikasalsa mit frischem gehacktem sowie getrocknetem Koriander, Salz und Pfeffer abschmecken.

GEMÜSEMARINADE

200 g Zucker · 200 ml Gemüsebrühe · 3 EL Apfelessig · 1 EL Himbeeressig · 5 EL Rapsöl · 2 EL weißer Balsalmico-Essig · Saft von 1 Limette · ½ TL Fenchelsamen · 1 Lorbeerblatt

Den Zucker in einem Topf unter Rühren schmelzen, bis er goldbraun ist. Mit der Brühe ablöschen. Danach die restlichen Zutaten hinzufügen und den Karamell loskochen. 20 Minuten ziehen lassen und anschließend durch ein Sieb streichen.

TOMATENFOND

4 Schalotten (ca. 180 g) · 1 Knoblauchzehe · 2 EL Olivenöl · 5 Strauchtomaten · 500 ml Tomatensaft · 200 g geschälte Tomaten (aus der Dose) · 1 EL Zucker · 1 Prise Cayennepfeffer · 1 EL Zitronensaft · Salz, Pfeffer

Schalotten und Knoblauch schälen und fein würfeln. In einem mittelgroßen Topf im Öl anschwitzen. Die frischen Tomaten grob zerschneiden und dazugeben. Tomatensaft und geschälte Tomaten zufügen und alles mit Salz und Pfeffer abschmecken. 1½ Stunden köcheln lassen. Mit Salz, Pfeffer, Zucker, Cayennepfeffer und Zitronensaft abschmecken und durch ein Sieb streichen.

GEFLÜGELJUS

1 kg Geflügelknochen (Karkassen) · 300 g Zwiebeln · 300 g Karotten · 300 g Knollsensellerie · 200 g Lauch · 50 ml Rapsöl · 100 g Tomatenmark · 600 ml Rotwein · 2 Lorbeerblätter · 4 Pfefferkörner · 2 Zweige Thymian · 1 Bund Petersilie

Die Geflügelknochen grob zerhacken. Zwiebeln, Karotten und Sellerie schälen, in walnussgroße Stücke schneiden. Den Lauch in Ringe schneiden. Die Geflügelknochen in einem großen Topf im Rapsöl anbraten, das Gemüse (mit Ausnahme des Lauchs) dazugeben und mitbraten. Das Tomatenmark dazugeben und kurz anrösten. Alles mit dem Rotwein ablöschen und diesen auf die Hälfte reduzieren. Mit 1 l Wasser auffüllen. Lauch, Lorbeerblätter, Pfefferkörner, Thymian und Petersilie dazugeben. Alles 2 Stunden köcheln lassen, dabei häufig den Schaum entfernen. Nach dem Ende der Kochzeit alles durch ein Sieb streichen.

KALBS- ODER WILDJUS

250 g Karotten · 200 g Knollensellerie · 250 g Zwiebeln · 2 Knoblauchzehen · 300 g Tomaten · 100 g Champignons · 2 kg zerhackte Kalbs- oder Wildknochen · 500 g Kalbschwänze oder Reste vom Wild · 2 TL Rapsöl · 4 TL Tomatenmark · 1 Lorbeerblatt · 1 Zweig Thymian · 1 TL Pfefferkörner · 4 Wacholderbeeren · 2 Pimentkörner · 500 ml trockener Rotwein

Das Gemüse schälen und grob würfeln. Die Knoblauchzehen schälen und längs halbieren.

Die Tomaten blanchieren, häuten und grob in Stücke schneiden. Die Champignons vierteln. Die Knochen und das Fleisch in einem großen Topf im Rapsöl kräftig anbraten. Dann das Gemüse hinzugeben und mitbraten. Tomaten und Tomatenmark zufügen und ebenfalls rösten. Die Kräuter und Gewürze hinzugeben, mit etwas Rotwein ablöschen. Den Rotwein fast vollständig einkochen lassen. Diesen Vorgang in Etappen mit dem restlichen Wein wiederholen, dann das Ganze mit 2,5 l Wasser auffüllen. Bei niedriger Hitze 2 Stunden offen köcheln lassen. Dabei immer wieder den Schaum von der Oberfläche abschöpfen. Anschließend alles durch ein Sieb streichen und 1 Stunde bei milder Hitze einkochen, bis etwa 200 ml Jus übrig bleiben.

Tipp: Wer den Jus klarer haben möchte, seiht ihn durch einen Kaffeefilter.

GETROCKNETE TOMATEN

8 Tomaten · 3 Zweige Rosmarin · 3 Zweige Thymian · 2 Knoblauchzehen · 5 EL Olivenöl · Salz, Pfeffer, Zucker

Die Tomaten blanchieren und häuten, danach vierteln, Kerne und Stielansätze entfernen. Die Tomaten flach mit der Wölbung nach oben auf ein Backblech legen. Rosmarin, Thymian, geschälten Knoblauch und Olivenöl hinzufügen und alles mit Salz, Pfeffer und Zucker würzen. Den Backofen auf 80 °C vorheizen. Die Tomaten 1 Stunde im Backofen trocknen.

Tipp: Wenn Sie die Tomaten nach dem Trocknen und Abkühlen in ein gut verschließbares Glas geben und mit Olivenöl bedecken, sind sie sehr lange haltbar.

NUDELTEIG (ERGIBT CA. 1 KG NUDELTEIG)

500 g Mehl (Type 405) · 1 EL Salz · 20 Eigelb · 100 g weiche Butter

Das Mehl mit dem Salz vermischen, mit den Eigelben und der Butter verkneten und den Teig für etwa 1 Stunde in den Kühlschrank stellen. Danach verarbeiten, wie im Rezept angegeben.

FLADENBROT

600 g Mehl (Type 405) · 15 g Hefe · 5 EL Milch · 1 TL Salz · 1 EL Zucker · 60 g weiche Butter · 1 TL Ras el-Hanout · 1 TL Dukka · 2 Eigelb (zum Bestreichen) · 2 EL heller Sesam · 2 TL Schwarzkümmelsamen

Mehl, Hefe, lauwarme Milch, Salz, Zucker, Butter, Gewürze und 250 ml lauwarmes Wasser zu einem Teig verkneten und bei Raumtemperatur 45 Minuten gehen lassen.
Den Teig erneut verkneten und als Fladen auf ein gefettetes Backblech geben. Mit den Eigelben bestreichen und mit Sesam und Schwarzkümmelsamen bestreuen. Das Brot 30 Minuten gehen lassen. Den Backofen auf 180 °C vorheizen und das Fladenbrot 25 Minuten backen.

BRAUNE BUTTER

250 g Butter

Die Butter in einen Topf geben und bei mittlerer Hitze zerlassen. Die Butter beginnt zu schäumen, weil das darin enthaltene Wasser verdampft. Wenn der Schaum sich (nach 8–10 Minuten) bräunlich färbt und braune Feststoffe hochsteigen, die Butter durch ein mit einem Blatt Küchenpapier ausgelegtes Sieb oder einen Kaffeefilter aus Papier abgießen.

REGISTER

DANK

Wie in der Küche braucht man auch für die Arbeit an einem Kochbuch ein gutes Team. Ich bedanke mich ganz herzlich für die effiziente Unterstützung bei Stephanie Dohle, Florian Pöschl und Ivo Schmal und für die zusätzliche Hilfe im Restaurant bei meiner gesamten Mannschaft. Mein Dank geht auch an Maike Jessen für die Fotografie, an Stefanie Bütow für die Fotoassistenz und an den DK-Verlag für die hervorragende Zusammenarbeit.

Rezepte und Foodstyling Ali Güngörmüs; unter Mitarbeit von Ivo Schmal
Fotografie und Coverfoto Maike Jessen
Fotoassistenz und Bildbearbeitung Stefanie Bütow
Requisite Christine Mähler
Redaktion Ulrike Strerath-Bolz
Innengestaltung, Covergestaltung, Typografie, Realisation Sibylle Schug
Ornamente A-R-T/Shutterstock und Curly Pat/Shutterstock; www.shutterstock.com
Repro Farbsatz, Neuried/München

Für den DK Verlag:
Programmleitung Monika Schlitzer
Redaktionsleitung und Projektbetreuung Anne Heinel
Herstellungsleitung Dorothee Whittaker
Herstellungskoordination Arnika Marx
Herstellung Inga Reinke

ISBN 978-3-8310-4186-2

Repro Farbsatz, Neuried/München
Druck und Bindung L.E.G.O. S.p.A., Italien

MIX
Paper from responsible sources
FSC® C023419
www.fsc.org

www.dk-verlag.de

Hinweis
Die Informationen und Ratschläge in diesem Buch sind vom Autor und vom Verlag sorgfältig erwogen und geprüft, dennoch kann eine Garantie nicht übernommen werden. Eine Haftung des Autors bzw. des Verlags und seiner Beauftragten für Personen-, Sach- und Vermögensschäden ist ausgeschlossen.

Soweit nicht anders angegeben, beziehen sich die Temperaturangaben für den Ofen auf Ober- und Unterhitze. Bei Umluft verringert sich die Temperatur um etwa 20 °C. Beachten Sie hierzu gegebenenfalls auch die Angaben des Herstellers.